T0243873

COACHING GENERATIVO

VOLUMEN 2

*Enriquecer los pasos del cambio creativo
y sostenible*

Robert B. Dilts

Stephen Gilligan

Diseño e ilustraciones de Antonio Meza

EL GRANO Ð MOSTAZA

Título: Coaching Generativo, Volumen 2
Subtítulo: Enriquecer los pasos del cambio creativo y sostenible
Autores: Stephen Gilligan, Robert B. Dilts

Título original: Generative Coaching, Volume 2
Copyright © 2022 Robert Dilts, Stephen Gilligan y Asociación Internacional para el Cambio Generativo
Publicado originalmente en 2022 por Asociación Internacional para el Cambio Generativo

Primera edición en España, junio de 2024

© para la edición en España, Ediciones El Grano de Mostaza S.L.
Equipo de traducción: Humberto Carmona, Leticia Testa, María Jesús Saenz, Miriam Goldenberg, Sandra Astún.

Impreso en España
ISBN PAPEL: 978-84-128744-4-0
ISBN EBOOK: 978-84-128744-5-7
DL: B 10606-2024

El Grano de Mostaza Ediciones, S.L.
Carrer de Balmes 394, principal primera
08022 Barcelona, Spain
www.elgranodemostaza.com

COACHING GENERATIVO

VOLUMEN 2

*Enriquecer los pasos del cambio creativo
y sostenible*

Robert B. Dilts

Stephen Gilligan

Diseño e ilustraciones de Antonio Meza

Índice de contenidos

Dedicatoria IX

Agradecimientos 1

Prólogo 3

Prefacio 5

Capítulo 1. Visión general del Coaching Generativo 9
Antecedentes y comienzos 9
Premisa 1: La realidad es algo que se construye 10
Premisa 2: La realidad se crea a través de conversaciones 13
Premisa 3: La realidad se construye a través de filtros 18
Premisa 4: Cada realidad experiencial se lleva a cabo con presencia
abierta (COACH) o cerrada (CRASH) 26
Resumen 31

Capítulo 2. Primer paso. Abrir el campo COACH 33
Los Dos Niveles de la Realidad Experiencial 36
Las Tres Gotas de Mindfulness 39
La técnica de la atención en tres puntos 47
Resumen 55

Capítulo 3. Segundo paso. Intención Positiva 57
Expresar la Intención 59
Primer método: Extender la intención para tocar a los demás.
«Bolas de energía» 60
Segundo método: Extender la intención con ternura, fiereza y ganas de jugar ... 72
Resumen 77

Capítulo 4. Tercer paso. Establecer un estado generativo 79
Técnica 1: Las tres energías arquetípicas: ternura, fiereza y juego. 80
Técnica 2: Comunidad de recursos 92
Resumen 101

Capítulo 5. Cuarto paso. Pasar a la acción **103**

La estrategia Disney: soñador, realista y crítico positivo 106

Integración de los modos soñador, realista y crítico dentro del proceso
en una línea de tiempo 108

Comentario general...128

Capítulo 6. Quinto paso. Transformar los obstáculos **133**

El modelo de los dos niveles de experiencia 134

Cuatro conjuntos de habilidades para la transformación de las
experiencias negativas 137

Focusing Relacional...143

Resumen 155

**Capítulo 7. Sexto paso. Prácticas para profundizar
y sostener el cambio** **157**

Feedback, feedback, feedback...158

Tareas orientadas a objetivos 163

Prácticas diarias 168

Desarrollo de habilidades y prácticas de entrenamiento mental..........171

Resumen 178

**Capitulo 8. Practicar la estructura profunda: Los seis pasos en una
sesión con tiempo limitado** **181**

Primer paso: Abrir el campo COACH 183

Segundo paso: Establecer la intención/el objetivo 184

Tercer paso: Desarrollar un estado generativo 186

Cuarto paso: Pasar a la acción..188

Quinto paso: Transformar los obstáculos...190

Sexto paso: Prácticas para profundizar en los cambios.........................192

Resumen 198

Conclusión **201**

Anexo A. Plantilla para la información del cliente **202**

Anexo B. Formulario previo a la sesión de Coaching Generativo............**205**

Anexo C. Formulario de feedback de la sesión de Coaching Generativo.....**206**

Anexo D. Formulario posterior a la sesión de Coaching Generativo...........**207**

Anexo E. Diferentes tipos de feedback..**208**

Bibliografía..**209**

Sobre los Autores **212**

Dedicatoria

Dedicamos este volumen a las numerosas personas y comunidades que nos han inspirado para vivir la vida con creatividad y amor.

Para Steve, algunos ejemplos son su madre, su abuelo italiano, muchos grandes maestros, las numerosas personas que deberían haberse rendido y no lo hicieron, y los incontables artistas y líderes de la transformación.

Para Robert, algunos ejemplos son sus padres Patricia y Robert, sus hijos Andrew y Julia, sus hermanos Michael, Daniel y John, su hermana Mary y su esposa Deborah. Además, están los «gigantes», sobre cuyos hombros se alza, y sobre muchos de los cuales ha escrito en sus libros.

Para cada uno de nosotros: estamos buscando en cada interacción ejemplos de esta luz creativa. Especialmente ahora, necesitamos notarlos cada día.

Agradecimientos

Nos gustaría reconocer y dar las gracias a todos aquellos que nos han ayudado a traer al mundo nuestro trabajo de Coaching Generativo. Esto incluye a los patrocinadores, colegas y estudiantes que nos han apoyado para desarrollar este trabajo. Vaya un agradecimiento especial a quienes participaron en las demostraciones que se presentan en este volumen.

También queremos dar nuestro reconocimiento a todos los miembros de la Asociación Internacional para el Cambio Generativo que se han unido a nosotros para hacer realidad este sueño, incluyendo a nuestros compañeros profesores, miembros profesionales, miembros asociados y otros participantes en la comunidad IAGC (International Association for Generative Change) que sienten pasión por nuestro trabajo.

Queremos dedicar un agradecimiento especial a Susanne Kessler, que transcribió y corrigió los materiales que componen estas páginas, integrando con elegancia los papeles de «realista» y «crítica positiva».

Estamos profundamente agradecidos a nuestro ilustrador Antonio Meza, que ha elaborado los asombrosos dibujos de este volumen. La versatilidad y la genialidad de Antonio para captar no solo nuestro mensaje, sino el espíritu del cambio creativo del que procede, continúan asombrándonos. Como en Coaching Generativo Volumen 1, los dibujos de Antonio dan vida a este trabajo de maneras que nuestras palabras no pueden lograr.

Steve y Robert

Prólogo

Con la traducción de este volumen hemos completado la segunda etapa de esta travesía que consiste en seguir dando a conocer el Coaching Generativo de Robert y Steve. Así se permite el acceso de este modelo de trabajo a millones de personas de habla hispana en el mundo. Estamos muy felices de realizar esta contribución y de celebrar con todos ustedes el acceso a esta fuente de sabiduría sobre el cambio para los nuevos tiempos. Nos sentimos muy honrados de participar en esta iniciativa y de colaborar con los autores para que, como dicen ellos en las formaciones, «el mensaje llegue más lejos».

Queremos destacar que no hay ninguna traducción de estos autores que haya tenido un nivel tan alto de participación de personas de Iberoamérica. Si bien nos hemos coordinado de forma remota, a la vez ha sido muy cercana. De esta manera sacamos a la luz un valioso material para vivir de manera nueva y creativa los desafíos que se nos presentan; además, lo hemos hecho con mucho cariño, dedicación y esa energía propia del hispanoamericano.

La traducción ha sido el resultado de una colaboración generativa espontánea y entusiasta que expresa nuestra idiosincrasia. Nos hemos unido en un propósito común, sintiendo la pertenencia y la hermandad que nos caracteriza, para llevar un cambio significativo a la vida de tantas personas.

En cada paso ha habido un esfuerzo e intención conscientes de acordar el uso de cada palabra y cada idea traducida, evitando una traducción literal al castellano. Hemos puesto especial atención a los términos empleados, de modo que tengan una resonancia intercultural y al mismo tiempo conserven la línea y la riqueza del lenguaje del cambio generativo.

Esta iniciativa ha sido convocada y liderada por nuestro querido colega, y a estas alturas amigo, Antonio Meza (México), estrecho colaborador de ambos autores en las ilustraciones de sus libros, que nos animó a abordar este desafío. La narración de este prólogo se materializó durante su visita a Santigo de Chile un día de marzo de 2024.

El proceso de traducción ha dado como fruto un trabajo muy cuidadoso y en etapas consecutivas. En este volumen, inicialmente Humberto Carmona (Chile) aportó la traducción general. En una segunda etapa, fue revisada por el equipo de traducción conformado por Leticia Testa (Argentina) y María Jesús Sáenz (España). Por último intervino un segundo equipo de traducción y revisión final, conformado por Miriam Goldemberg y Sandra Astún (Argentina). Todos trabajaron coordinadamente durante meses para entregar sus resultados, destacando en cada entrega un espíritu de celebración espontánea y de logro por la labor cumplida.

Esperamos que disfrutes tanto como nosotros de cada detalle de este libro, y que te lleve a una travesía de cambio profundo y significativo. Podrás descubrir que, como dice el autor: «Hay mucho más en nosotros», y así transitamos hacia esa vida que queremos liderar. También queremos darte la bienvenida a pensar y actuar creativamente a medida que te apropies de estos conceptos y prácticas, y que los apliques a tu trabajo, a tu comunidad, a la gente con la que te relacionas y a ti mismo. De esta manera tendrás la oportunidad de identificar lo que puedes ofrecer a la luz del cambio generativo —de cómo lo interpretas, aplicas y lo llevas a tantos lugares como sea posible—, que es lo que este equipo de traducción está empezando a hacer con lo aprendido.

Santiago, 29 de marzo de 2024

Antonio Meza y Humberto (Beto) Carmona

Prefacio

Era el mejor de los tiempos, era el peor de los tiempos, era la edad de la sabiduría, era la edad de la locura, era una época de fe, era una época de incredulidad, la era de la Luz y de la Oscuridad, era la primavera de la esperanza, era el invierno de la desesperación...

—Charles Dickens, *Historia de dos ciudades*

Aunque escritas sobre la época de la Revolución francesa, estas palabras también describen nuestra situación actual. Las viejas instituciones se están desmoronando rápidamente, nuestro entorno pende de un hilo, y el camino hacia delante no parece estar muy claro. Los dos caracteres chinos de «crisis» —peligro y oportunidad— parecen estampados en el cielo.

Los peligros son ominosos y van en aumento: un egoísmo cada vez mayor, el fascismo, una pérdida de confianza y de visión compartida, unos gobiernos impotentes... Pero también crecen las grandes oportunidades: nuevas comunidades y conciencias están surgiendo de innumerables maneras. A veces parece que las fuerzas de la destrucción y del amor creativo participen en una carrera hacia un punto histórico cuyo desenlace es desconocido e incognoscible.

Tiempos tan extraordinarios exigen nuevas formas de pensar, actuar, relacionarse y ser. Este es nuestro propósito al desarrollar el Coaching Generativo: ser parte del creciente colectivo que propone nuevas formas de crear la realidad. Nos conocemos desde hace más de 45 años, nuestros caminos personales y profesionales se han cruzado una y otra vez, y tenemos una visión compartida y habilidades y enfoques complementarios. El Coaching Generativo surgió de esta asociación, como un «coche» (coach) o vehículo que permite una conexión más profunda con la vida para apoyar la creación de mundos a los que todos podamos pertenecer.

Nuestra colaboración nos llevó a desarrollar un programa de certificación de quince días de duración que se ofrece en muchos lugares del mundo. El modelo es una descripción de cómo la conciencia crea la realidad —tanto la versión positiva como la negativa—, y de cómo podemos alinearnos con esa conciencia para transformar la negatividad y crear realidades positivas. Solemos enseñarlo en cuatro módulos, cada uno de los cuales profundiza en un marco que incluye los principios básicos, los seis pasos, múltiples métodos y técnicas para cada paso y, quizás lo más importante, una forma de organizar el estado creativo para potenciar los procesos de creación. Hacemos hincapié en el estado COACH tanto como en el estado del cliente, y hacemos aún más énfasis en el estado relacional que comparten los sistemas creativos.

Este es el segundo de cuatro volúmenes sobre el Coaching Generativo. Se basa en el volumen 1 y provee de un proceso más profundo y elaborado para realizar el trabajo. Normalmente en el programa de certificación hacemos una presentación conjunta de los módulos primero y cuarto, con módulos en solitario entremedias. Así que los volúmenes 1 y 4 son nuestras voces conjuntas, mientras que este volumen es la voz de Steve, y el volumen 3 es la de Robert. Tanto si presentamos en equipo como en solitario, somos, en palabras de nuestro maestro el Dr. Milton Erickson, «una parte de, y sin embargo, estamos aparte» uno de otro. Para nosotros, este es uno de los puntos fuertes del Coaching Generativo: ilumina el que cada persona tenga su propia voz y contribución, al tiempo que la colaboración entre esas voces únicas abre posibilidades que nunca habríamos imaginado. Este es nuestro compromiso mutuo, con los demás y con el mundo en general. El mundo necesita más que nunca este tipo de asociaciones creativas, y esperamos que este trabajo las fomente en todos los seres vivos.

Steve Gilligan y Robert Dilts

Capítulo 1

Visión general del Coaching Generativo

Antecedentes y comienzos

A los budistas les gusta decir que cuando te ha sido dada una vida humana, eres muy afortunado. ¡Tienes infinitas posibilidades de vivirla de forma creativa y feliz! Hay otro dicho que dice que, cuanto más practiques, ¡más suerte tendrás! El Coaching Generativo es una forma de practicar la creatividad de modo que seamos lo suficientemente afortunados para crear mundos a los que todos queramos pertenecer. En este primer capítulo, repasamos las premisas fundamentales del Coaching Generativo como una plataforma que nos permite entender y practicar el trabajo inteligentemente.

Las premisas fundamentales pueden describirse simplemente como:

1. La realidad es algo que se construye

2. A través de conversaciones

3. Atravesando filtros

4. Y puede estar sostenida por una presencia abierta o cerrada.

Veamos qué significan estas premisas...

Premisa 1: La realidad es algo que se construye

El Coaching Generativo trata sobre la creatividad y sobre cómo entrenarla.

Consideramos que la creatividad no es algo que unas pocas personas brillantes hagan ocasionalmente, sino el corazón y el alma de toda experiencia humana. No se trata de una «cosa» situada dentro de un espacio fijo, sino de un emergente en cambio continuo que surge de conversaciones y conexiones entre diferencias. La idea de la creatividad como conversación existe desde hace mucho tiempo, como lo demuestra este poema de Kabir del siglo XVI:

Entre lo consciente y lo inconsciente, la mente ha colocado un columpio: todas las criaturas de la tierra, incluso las supernovas, se balancean entre estos dos árboles, y el balanceo nunca cesa.

Millones de ángeles, animales, humanos, insectos, también el girar del sol y la luna; las eras pasan y el proceso continúa.

Todo se balancea: cielo, tierra, agua, fuego, y aquel que es secreto va desarrollando lentamente un cuerpo.

Kabir vio esto durante quince segundos, lo que le convirtió en un servidor de por vida.

—Kabir (en versión de Robert Bly)

De modo que nosotros también podemos verlo durante al menos quince segundos.

Cuando decimos que la realidad se crea a cada momento, no queremos decir que cada momento sea generativo: la mayoría de las veces, la realidad se *re-genera* automáticamente a partir de «valores por defecto» condicionados. Es decir, a menos que aportes presencia humana consciente, la mayoría de las veces repites el pasado. Esto da la sensación ilusoria de que la realidad ocurre de forma independiente, de que es algo que ocurre «ahí afuera», en cuya creación no participamos. La mayor parte del tiempo solo vivimos en hábitos condicionados. Y algunos de los condicionamientos pueden presentarse en sistemas muy grandes —por ejemplo, vivimos en patrones centenarios de racismo y misoginia— y sentimos como si simplemente la vida fuera siempre así.

Pero en el Coaching Generativo vemos que las cosas no son tan fijas o estáticas: todo es impermanente y siempre está cambiando. Lo vemos, por ejemplo, en la hipervelocidad del cambio tecnológico: hoy vivimos en un mundo que era inimaginable hace solo veinte años. Mi hija, que tiene 29 años, nunca ha visto una máquina de escribir. Cuando estaba en la escuela de posgrado, a finales de los años 70, cada profesor del Departamento de Psicología tenía dos secretarias, una de ellas dedicada totalmente a teclear en una máquina de escribir IBM ocho horas al día. Hice mi tesis con un procesador de textos que podía contener un *capítulo entero* —treinta páginas, a doble espacio— en un disquete. ¡Asombroso! Desde entonces se ha ido creando una realidad muy diferente. Esta idea de que la consciencia crea la realidad también puede verse en el conocido *efecto placebo*, que es la razón por la que hoy en día la investigación más básica en medicina requiere la prueba de doble ciego. El término «placebo» significa en latín «me da placer», lo que implica que las personas producirán resultados consecuentes con sus creencias y expectativas, independientemente de su condición «real». Así, si yo creo que me han dado un fármaco psicoactivo para curarme la depresión, pero en realidad solo me han dado una píldora de azúcar, el alivio de la depresión será casi el mismo que cuando tomé el «fármaco verdadero».

Así pues, nuestra consciencia es el factor principal a la hora de crear la realidad en la que nos encontramos. El ingrediente común y más profundo tanto en las partes negativas como positivas de tu vida eres *tú*. Tu conexión con la consciencia que crea el mundo es la diferencia que marca la diferencia. No decimos esto para culparte —*oh, genial, no solo mi vida es horrible, sino que además todo es culpa mía*—, sino para empoderarte. Cada momento contiene cielos e infiernos potenciales: lo decisivo es tu relación con él.

No tenías esta capacidad cuando eras joven, y la mayoría de nosotros fuimos profundamente condicionados para no conocer nuestro propio poder creativo. El Coaching Generativo es una manera de alinearse con la consciencia creativa a fin de generar realidades positivas para ti y tus comunidades. No es un poder del ego para controlar y dominar a los demás —esa ilusión está en el corazón de la impotencia y la desdicha—, sino una consciencia integral que te permite sentir pertenencia e interconexión con el mundo.

Hablaremos mucho más de esto. Por ahora, queremos destacar que estamos participando activamente en la creación de todo lo que conocemos como realidad. Así que, si no te gusta la realidad que estás experimentando, cámbiala. En realidad este es el enfoque central del Coaching Generativo.

Premisa 2: La realidad se crea a través de conversaciones

Esta construcción de la realidad se produce a través de conversaciones —no solo conversaciones humanas, sino intercambios en todo el universo—: el sol y la luna, las conexiones que mantienen unidas a las galaxias y a los sistemas solares, las conversaciones entre inteligencias verbales y no verbales, entre madres e hijos... Todo está latiendo, comunicando, interconectando: esta es la verdadera naturaleza de la realidad. Si podemos sentirnos alineados y en el flujo creativo de estas conversaciones, ocurren cosas buenas; pero cuando el flujo de información-energía se detiene o se bloquea, la creatividad se detiene. Así que la creatividad no proviene de una posición, un estado, una creencia; más bien es un movimiento de información-energía a través de muchas posiciones diferentes. En el Coaching Generativo nos centramos en tres tipos de creatividad conversacional:

1. La conversación clásica/cuántica (o realista/soñador).

2. La conversación cognitiva/somática.

3. La conversación entre uno mismo y otro(s).

1. La conversación clásica/cuántica.

La realidad se crea a través de un movimiento entre el potencial infinito de la imaginación creativa y las realidades específicas del mundo clásico. Cada uno completa al otro. Sin la apertura y la libertad del océano cuántico, no puede haber mucha creatividad, pero lo infinito del campo cuántico también necesita estar en conversación con el mundo clásico. Encontramos esta propuesta en la esencia del modelo de creatividad de cuatro pasos, propuesto hace unos cien años por Graham Wallas (Wallas, 1926).

Modelo de creatividad en cuatro pasos: la conversación entre los mundos.

2. Incubación: Período de descanso (sin mente) (inconsciente creativo)

1. Preparación: Intenso enfoque y esfuerzo en el objetivo (mente consciente)

3. Iluminación: «se enciende la bombilla», Ajá!! (inconsciente creativo)

4. Traslado a la realidad: Trabajo duro para hacerlo real (mente consciente)

Según este modelo, primero tienes una *fase de preparación*, en la que necesitas un enfoque, compromiso o pregunta, además de trabajo duro. Cuando percibes que disminuye tu rendimiento, retrocedes y te tomas un descanso, es la llamada *fase de incubación*. Aquí te dejas llevar y te abres a una solución. Entonces es de esperar que surja una nueva idea, una *iluminación* procedente de algún otro lugar. Y por último, en la cuarta fase, en la que la mente consciente vuelve a estar más activa, tienes que *traducirla en acción*.

Por ejemplo, en mi caso, se me han ocurrido muchas ideas generativas dentro del jacuzzi que tengo en casa. Puede que esté trabajando todo el día en un proyecto en el escritorio —ese es el primer paso—, pero hacia la medianoche voy al patio trasero y me meto en el jacuzzi. Muchas veces, la tensión se disuelve en los vapores —ese es el segundo paso— y luego, en una noche afortunada, surge una hermosa consciencia lúcida (¡Iluminación!). A continuación, como decimos en inglés, el diablo está en los detalles: esa idea lúcida tiene que llevarse a la práctica mediante un profundo compromiso y trabajo duro.

Así, la creatividad es un ritmo entre la intención consciente y el «soñar» inconsciente. Para navegar por este «camino de enmedio», necesitamos un estado equilibrado, *ni demasiado tenso ni demasiado flojo* . O, como se dice en los juegos de cartas, *hay que saber cuándo conservarlas y cuándo soltarlas*. Cuándo seguir tu mapa y cuándo soltarlo para volver a sumergirte en el océano creativo y pescar otros nuevos. La creatividad es el arte de surfear por ese camino de enmedio: se da en la conversación entre el mundo realista y el gran océano infinito de la imaginación. Los chinos lo llaman *wu-wei*; nosotros lo llamamos consciencia generativa.

2. La conversación cognitiva/somática.

Otra conversación esencial es la que se da entre lo cognitivo y lo somático. Siempre que se necesite generatividad, la mente y el cuerpo (¡y mucho más!) tienen que estar conectados. Nuestro maestro Gregory Bateson a menudo citaba a Pascal:

> *El corazón tiene razones que la razón no conoce... Conocemos la verdad no solo por la razón, sino por el corazón. La sentimos en mil cosas.*

El antiguo modelo tradicional de cognición del «intelecto desencarnado» ha sido suplantado en la ciencia cognitiva por lo que se denomina el «modelo de las 4 E» (véase Damasio, 1994; Varela, Thompson y Rosch, 1991) que hace hincapié en que la cognición ha de ser:

1. **Encarnada**

2. **Ensamblada** (en contextos o campos: entorno, contexto cultural, contexto social, etc).

3. **Expresiva** (musicalidad, movimientos somáticos, etc).

4. **Actuada** (conectada con acciones)

En otras palabras, el pensamiento es un campo multimodal que interconecta las ideas con cuerpos, relaciones, acciones, movimientos y múltiples contextos. Para que una idea sea generativa, debe tener conexiones positivas con cada uno de ellos.

En términos de la conversación «cabeza-cuerpo» —lo que llamamos el eje vertical—, una pregunta general que se utiliza con frecuencia en el Coaching Generativo es:

> *Cuando dices (o piensas u oyes) eso, ¿qué observas que está pasando en tu cuerpo?*

Este «eje vertical» es crucial para que una idea sea generativa.

Por desgracia, las tradiciones convencionales suelen enseñar una relación adversa de dominio/sumisión entre las mentes verbal y somática. Esta postura de *la mente por encima del cuerpo* produce un ego aislado que es la raíz de los

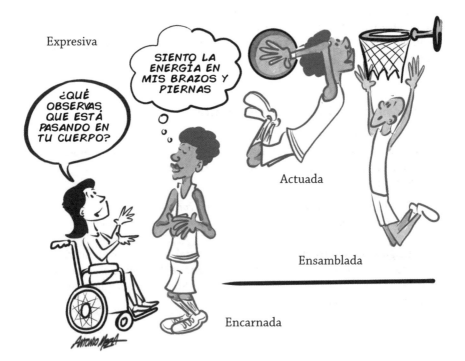

problemas persistentes y del sufrimiento. Para pasar a un nivel generativo, buscamos integrar la mente verbal en una conversación mutuamente respetuosa con otras dimensiones cognitivas.

3. La conversación entre uno mismo y otro(s).

En nuestro modelo de cognición generativa, la consciencia y la creatividad no están localizadas dentro de una sola persona, grupo o tradición. Surge de las conversaciones entre nuestra posición «yo» y las múltiples, incluso contradictorias posiciones o verdades de los «otros». Estos «otros» tienen muchas formas: otra persona, un punto de vista conflictivo dentro de uno mismo, otro género o cultura, un adversario social, la pareja íntima, etc. No hay escasez de verdades o realidades «distintas de» la posición de nuestro ego. Cuando solo nos identificamos con la posición de nuestro «ego», surgen problemas y síntomas. Por lo tanto, en el centro del cambio generativo las relaciones conflictivas son bienvenidas dentro de un campo de conversación en el que se valora y se da un lugar a cada posición. Una y otra vez, vemos que, cuando ocurre esto, se genera una creatividad transformadora.

Premisa 3: La realidad se construye a través de filtros

Estas «conversaciones entre conciencias» están mediatizadas por filtros, como la luz que atraviesa un prisma o el sol que brilla a través de las vidrieras de una hermosa catedral. Esto se puede observar en la catedral de Gaudí en Barcelona, la «Sagrada Familia». La luz del sol fluye a través de las ventanas, creando un sentimiento sagrado de estar dentro de un hogar divino. Las vidrieras son un ejemplo metafórico de lo que es un filtro: traducen el río de conciencia en formas específicas. Hay innumerables filtros operando simultáneamente: tu estado somático; tus creencias e intención; tu historia personal, tu familia y tu cultura; los contextos sociales, ambientales y políticos.

Esto es lo que estudia la psicología: cómo la experiencia y el comportamiento están condicionados por numerosos filtros que distinguen un estado de identidad. En un nivel básico, experiencias como el color, la emoción, la libertad, los objetos separados, etc. no están «ahí fuera» en el mundo, sino que son creadas activamente por nuestro sistema nervioso.

Los seres humanos tenemos una libertad excepcional para establecer nuestros filtros de infinitas maneras posibles, de lo que resultan muchas realidades diferentes. Por ejemplo, la bondad tiene 10.000 caras, y cada una expresa una realidad diferente. Lo mismo ocurre con prácticamente cualquier otra distinción humana: la confianza, el éxito, «mi niño», «mi cuerpo», mi fiereza, etc. Cada una de ellas puede representarse de innumerables maneras, y cada manera es un filtro a través del cual emerge una realidad diferente. Cada filtro asume una estructura profunda o patrón arquetípico que contiene muchos mapas posibles y se traduce en una realidad particular. De manera significativa, te conviertes en lo que imaginas que es real.

Por ello, prestamos mucha atención a qué filtros están en juego. Identificamos qué filtros están siendo usados para crear un *estado de bloqueo* y cuáles podrían permitir un resultado más generativo.

Las realidades que no cambian representan filtros fijos. Los límites no están en el mundo, sino en los filtros utilizados para crear ese mundo. Algunos filtros pueden ser individuales, muchos son colectivos, y la mayoría son inconscientes y automáticos (es decir, condicionados). Pueden ser tradiciones o creencias centenarias, o patrones transgeneracionales de larga duración familiares o culturales, o estereotipos de género o raciales. En cualquier caso, los estados de bloqueo reflejan filtros fijos. Para apoyar el cambio creativo, tenemos que identi-

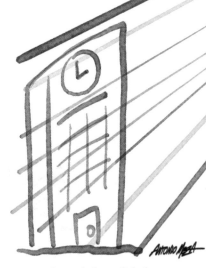

Creando la realidad

ficar los filtros limitantes, y luego abrir un espacio de conversación para aflojar su agarre y permitir una reconfiguración inteligente de estos mapas de representación. En el Coaching Generativo nos fijamos en tres tipos de filtros:

1. **Mente somática, cognitiva y de campo.**
2. **Mapas de representación individuales** (creencias, emociones, imágenes, etc)..
3. **Holones de actuación.**

mente cognitiva

mente somática

mente de campo

1. Mente somática, cognitiva y de campo.

En *Coaching Generativo*, Volumen 1, identificamos tres tipos principales de «mente» o inteligencia: somática, cognitiva y de campo. Este modelo de «conciencia triuna» significa que nuestra realidad se crea a través de conversaciones entre estas tres modalidades generales. Por lo tanto, el Coaching Generativo presta la misma atención a cada uno de los filtros generales: cómo se representa la experiencia en la mente verbal social, cómo se representa en la mente somática encarnada y cómo se representa en los múltiples contextos que están en juego. En las áreas problemáticas, es inevitable que haya incongruencias dentro de y entre estas modalidades. La mente verbal puede estar pensando una cosa, mientras que la mente somática está pensando otra; o la mente de campo podría contener «voces críticas» o presencias amenazantes que constriñan severamente la experiencia individual; o tal vez haya intenciones en conflicto como, por ejemplo, *quiero ser abierto, pero necesito preservar mis límites*. Para lograr un cambio sostenible, estas representaciones diferentes y a menudo contradictorias necesitan ser bienvenidas e integradas en un yo generativo. En el volumen 1 prestamos una considerable atención a este reto, y seguiremos dándole el mismo énfasis en el presente volumen.

2. Mapas de representación individuales.

Cada una de las tres mentes tiene muchas «partes» o dimensiones diferentes. Por ejemplo, la conciencia cognitiva conlleva representaciones como creencias, intenciones, significados, planes y valores de muchos otros tipos. La conciencia somática incluye la postura, la respiración, el movimiento, el ritmo, el nivel de tensión, las acciones, las emociones, y así sucesivamente. Y la conciencia de campo puede incluir el entorno físico, el contexto social, los campos históricos, a diferentes personas y lugares, etc.

Así pues, aunque utilizamos las tres mentes (somática, cognitiva y de campo) como una especie de estructura de *coaching* de nivel medio, también debemos «desglosar» en niveles más específicos, como: ¿qué creencia específica se está utilizando y cómo puede modificarse? ¿Qué emoción subyacente está presente y cómo puede volverse fluida? ¿Qué «presencias invisibles del campo» están activas —recursos históricos, padres críticos en la infancia— y pueden participar positivamente en el proceso creativo? Asesoramos a una persona para que encuentre un estado generativo dentro de cada una de las mentes, y luego le ayudamos a ajustar esos mapas individuales (creencias, estado somático, recursos, etc). para optimizar su rendimiento. La idea central: cada mapa individual puede representarse de infinitas maneras posibles, y un estado generativo permite el ajuste fluido de cada mapa para afrontar (lo que Milton Erickson describió como) las necesidades y desafíos siempre cambiantes del momento presente. Para hacer esto de forma eficaz, tenemos que ser capaces de tamizar cuidadosamente los numerosos «trocitos» de los mapas que están en juego, y saber actualizarlos y mejorarlos hasta alcanzar el estado generativo que se necesita para conseguir el éxito.

En el campo, mi abuelo

MEREZCO ESTO

En mi mente: una creencia empoderante

En mi cuerpo : paseo matutino

3. Holones de actuación: el prototipo de filtro para el Coaching Generativo.

Al subrayar que la creatividad es fundamental para el ser humano —es decir, que participamos activamente en la creación de prácticamente todos los niveles de nuestra realidad—, se nos desafía a identificar cómo ocurre esto. Mi mentor en Stanford, Karl Pribram (1971), acuñó el término «imágenes de logro» para describir este proceso con el que mapeamos dónde estamos, dónde queremos estar, cuáles son las mejores formas de llegar allí, cómo afrontar los inevitables desafíos, etc. Estos «mapas de trabajo» son las «estrategias de acción» con las que creamos nuestra vida, los «manuales operativos» que utilizamos para construir realidades. Dado que la conciencia humana prefiere un sentido subyacente de unidad, estos «mapas de trabajo» no son lineales ni están separados en pedacitos; integran nuestras comprensiones y valores en un mapa multidimensional que llamamos holón de actuación. Consideramos que estos holones de actuación son los filtros prototípicos para el trabajo de cambio generativo.

El término *holón* fue propuesto por Arthur Koestler (1965) para describir un sistema creativo de partes interconectadas. Cada parte es su propia totalidad autoorganizada, que contiene sus propias partes… y así hasta abajo. Una relación humana es un ejemplo obvio de *holón*: si tenemos una relación, esa es su propia unidad; pero nos contiene a «ti» y a «mí» como totalidades autoorganizadas. Lo mismo es válido para cualquier equipo —empresa, familia, deporte— o para una orquesta musical o un ecosistema complejo. El *holón* es una hermosa idea para reconocer la identidad de ser un todo y al mismo tiempo ser «parte de» otra unidad mayor, que es propia de las formas de vida inteligente: estoy completo como «yo», pero soy parte de «nosotros». Cada nivel tiene sus propias propiedades creativas, de modo que ser capaz de moverse entre los niveles permite una creatividad mucho más profunda.

Y utilizamos el término *actuación* (o representación) para destacar que estos mapas se utilizan especialmente para *realizar* un acto creativo: por ejemplo, para crear un resultado exitoso en el trabajo; para crear un cuerpo positivo; para crear una comunidad social positiva; y así sucesivamente. Destacamos que la mejor manera de considerar la vida es como un arte escénico, como un acto de creatividad; y que el Coaching Generativo debería ser considerado de forma similar. Los holones de actuación son las representaciones mediante las cuales ocurre esta vida creativa.

En el trabajo de cambio generativo, el aspecto central del holón de actuación tiene seis dimensiones:

1. Estado deseado (objetivo/intención/valor/misión/etc).

2. Estado actual

3. Mapas del logro («cómo»)

4. Recursos

5. Obstáculos

6. Contexto subyacente (COACH vs. CRASH)

HOLÓN *de actuación creativa.*

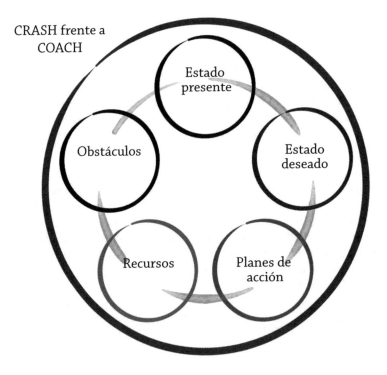

En un nivel básico, este holón proporciona el modelo central de seis pasos del Coaching Generativo:

1. Abrir un campo COACH

2. Establecer una intención positiva

3. Desarrollar un estado generativo

4. Pasar a la acción

5. Transformar los obstáculos

6. Práctica para después de la sesión

Este fue el enfoque principal del Volumen 1. Estos seis pasos proporcionan una estructura básica para modelar los patrones de identidad de un cliente. Como se muestra en los Anexos, los utilizamos para una evaluación previa a la sesión (Anexo B), así como para la retroalimentación y evaluación después de la sesión (Anexo D). De hecho, sostenemos que «las diferencias que marcan la diferencia» en una sesión de *coaching* pueden verse comparando los dos formularios. Es decir, proponemos que los cambios significativos en estos seis pasos se reflejarán en cambios significativos relacionados con la sesión.

En el nivel siguiente, podemos ver el holón de actuación como un mapa parecido a un mandala:

Holones generativos: cada parte se valora, se interconecta y se mantiene de forma fluida.

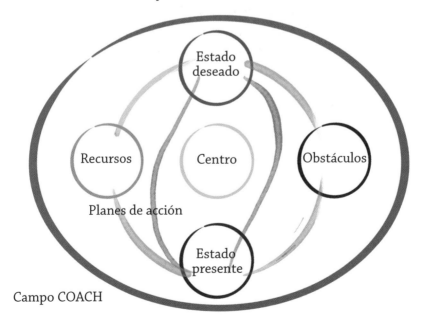

Esto nos permite ver la naturaleza interconectada de las partes: (1) el estado actual y el estado deseado son un par complementario, y (2) los recursos y los obstáculos son un segundo par. Una quinta dimensión son los «planes de acción» que se mueven en una línea de tiempo entre el estado actual y el estado deseado. La última dimensión es la distinción metanivel de cómo estas dimensiones centrales están siendo sostenidas en el *flujo creativo* de un campo COACH que permite relaciones generativas, o de un campo CRASH que encierra las partes en un estado rígido y no colaborativo.

En este nivel más avanzado, que es el objetivo principal de este segundo volumen, cada paso contiene a los demás. No se trata tanto de pasos separados y lineales, sino de diferentes dimensiones de un sistema integrado de cambio sostenible. En cualquier momento de la sesión, cuando el proceso parezca poco claro o confuso, podemos comprobar rápidamente si tenemos mapas bien construidos de cada parte del holón. Esto suele revelar que alguna parte no está del todo presente en la conversación y nos orienta hacia dónde prestar atención.

Las preguntas relevantes pueden incluir:

- *¿Qué nivel de estado COACH hay aquí ahora mismo? ¿Cuáles son los recursos de conexión con el estado COACH?*

- *¿Cuál es la intención/objetivo? ¿Cuánta motivación hay? ¿Qué grado de resonancia tiene ese objetivo?*

- *¿Qué recursos están presentes? ¿Son suficientes para mantener un estado COACH estable?*

- *¿Se sabe cuáles son las acciones a realizar?*

- *¿Qué obstáculos están presentes? ¿Hay obstáculos ocultos en el campo? ¿Cuáles son las señales de que una persona se está desconectando?*

El *coaching* con el holón de actuación permite que estas preguntas estén siempre en el trasfondo, proporcionándonos formas de percibir y responder hábilmente a los signos más sutiles de desconexión o CRASH. Por ejemplo, una conversación sobre cómo alcanzar un objetivo puede empezar a ser «confusa» o discordante, como una música desafinada. El uso rápido de las preguntas anteriores puede indicar, por ejemplo, que algún obstáculo se acaba de activar en mitad de la frase, lo que se evidencia por la tensión muscular y la pérdida de resonancia. Entonces el *coach* orienta la atención hacia los recursos o el centramiento somático, asegurando que se vuelve a descubrir un estado equilibrado antes de seguir focalizándose más en el objetivo. Así, el Coaching Generativo busca desarrollar y mantener un campo en el que los diferentes elementos: estado presente y estado deseado, recursos y obstáculos, etc. estén en equilibrio. Estamos haciendo *coaching* de la totalidad y de la conciencia integral: esto es lo que produce un cambio sostenible.

Premisa 4: Cada realidad experiencial se lleva a cabo con presencia abierta (COACH) o cerrada (CRASH)

Ahora llegamos a la distinción más importante del Coaching Generativo: el estado en el que ocurre una actuación o representación. En el Volumen 1 describimos dos estados principales: la generatividad creativa del estado COACH frente al problemático estado de bloqueo neuromuscular del estado CRASH. Repasemos aquí brevemente estas distinciones.

Para entender a qué nos referimos con un estado COACH, consideremos el rendimiento humano en su máxima expresión. Piensa en un gran atleta, un músico, un artista o un líder; o en un equipo campeón, una gran orquesta o una comunidad creativa; o cuando estás en un bello entorno natural o sientes amor por tu ser querido. ¿Qué tienen todos estos estados en común? ¿Cómo te sientes cuando los observas o formas parte de ellos? ¿Qué palabras utilizarías para describirlos?

El acrónimo COACH identifica algunas de las dimensiones básicas de ese estado. Nos sentimos:

Centrada
Open - Abierta
Atenta
Conectada
Hospitalaria

El estado COACH:
Holón integrado

COACH es un estado que los chinos llaman de «doble felicidad»: (1) te sientes genial, y (2) trabajas a tu máximo nivel. Por lo tanto, COACH es la base para vivir en positivo, y una de las principales responsabilidades del *coach* generativo es activar y mantener el «flujo disciplinado» de un estado COACH, tanto en los clientes como en él mismo.

En términos del holón de actuación, COACH es la experiencia de un holón integrado y generativo. En este estado, todas las partes del «equipo» creativo contribuyen en positivo:

Características de un sistema creativo de actuación (Holón COACH).

1. Contexto de «campo» subyacente: resonancia límbica, musicalidad, curiosidad, retroalimentación y mirar hacia adelante.

2. Cada parte es bienvenida.

3. Cada parte se valora positivamente.

4. Los mapas de cada parte son fluidos y sensibles al contexto: infinitas formas, contenidos y significados.

5. Todas las partes están interconectadas y equilibradas «estéticamente».

6. Las acciones de las partes y el todo están guiadas por la resonancia «estética».

7. Forma de «mandala»: centro, campo unificado y pares de opuestos equilibrados.

Así, funcionamos a partir del principio:

Antes de pedir a tus clientes (o a ti mismo) realizar una tarea difícil, crea las condiciones para el éxito activando un estado COACH.

Una cosa es activar un estado COACH y otra mantenerlo. De hecho, la mayoría de las personas pueden encontrar un estado COACH en circunstancias positivas —un espacio sin estrés, donde todo es agradable y fácil—, pero no cuando se producen situaciones estresantes. Si es así, los estados COACH se convierten en un tipo de disociación positiva, una forma de evitar lo que Shakespeare llamaba «las vicisitudes y desventuras» de la vida ordinaria.

Por lo tanto, aunque utilicemos estructuras de referencia positivas para acceder a un estado COACH —por ejemplo, reviviendo un sentimiento trascendente y pacífico en la naturaleza—, el beneficio real viene de activar el estado COACH en experiencias problemáticas: un problema relacional, una crisis laboral o un problema de salud. Esto es lo que hace que el estado COACH sea tan valioso.

El «gemelo malvado» de COACH es CRASH:

Contraído
Reactivo
Parálisis de análisis
Separado
Hostil, Herido, Hiriente

El estado CRASH: desconectado de la totalidad.

Aquí nuestra conciencia se queda aprisionada en el *bloqueo neuromuscular* expresado por las «cuatro F»: *fight, flight, freeze, fold* (lucha, huida, parálisis o repliegue). Nuestra conciencia se satura de ira negativa, miedo, pensamientos desconectados o una «actitud de rendición» (depresión, drogas/alcohol, televisión). En este estado tóxico, estás separado de ti mismo, de tus recursos y de tu imaginación creativa. Todo lo que puedes hacer es reordenar las sillas en la cubierta del Titanic, puesto que no hay salida.

En términos del holón de actuación, en el estado CRASH al menos algunas partes de tu experiencia se consideran y experimentan como negativas; eres un «fundamentalista» que no puede moverse a través de las múltiples representaciones de un mapa; no puedes sentir directamente tu cuerpo; el mundo no parece ser un lugar seguro y lleno de recursos.

CRASH como «bloqueo neuromuscular»: Los mapas se fijan/paralizan.

1. Contexto del campo subyacente: CRASH (ira/miedo/desconexión del cuerpo/depresión).

2. Algunas partes no son bienvenidas o reconocidas.

3. Algunas partes son valoradas negativamente («malas»).

4. «Fundamentalismo»: los mapas son rígidos y no responden al feedback (contenidos, formas y significados superficiales).

5. Aislamiento funcional («disociación») de algunas partes.

6. Las partes están en competencia de «suma cero».

7. No hay integridad sistémica: sin centro; sin campo unificado; relaciones desequilibradas y fragmentadas.

Lo que decimos es que exactamente la misma situación puede convertirse en un acontecimiento tremendamente positivo o en una experiencia terriblemente negativa, *dependiendo del estado en el que la contengas*. Imaginemos, por ejemplo, que has crecido en una familia muy difícil y que vuelves a casa por vacaciones. Si lo afrontas en un estado CRASH —tensándote al imaginarlo, «sabiendo» que va a ser un desastre, encontrándote con los miembros de tu familia en un estado de ansiedad e ira, entrando fácilmente en antiguos patrones negativos, pronosticando que lo peor está por llegar—, indudablemente se podría crear la pesadilla que más temías. Y para colmo de males, te culparías de todo a ti mismo y/o a ellos, ahondando aún más en el agujero de la desdicha desconectada, preparándote para la siguiente experiencia negativa.

Ahora imaginemos que abordas esa misma situación en estado COACH. Encuentras una conexión contigo mismo más profunda que el dolor familiar; ejercitas cómo conectarte con ese estado positivo cuando se activa; primero prestas atención a tu estado COACH durante la visita y te comprometes creativamente con los puntos atascados; y así sucesivamente. Claramente, esto podría producir una experiencia profundamente diferente, en ti y (quizás) también en los demás.

CRASH como bloqueo neuromuscular: los mapas se fijan/congelan.

Lucha

Parálisis

Huida

Repliegue

Pensamos en los estados COACH y CRASH no solo como estados superficiales de contenido «positivo o negativo», sino como una conciencia más profunda que se abre a —o se disocia de— cada momento único, creando así soluciones o problemas. Un estado COACH no significa solo pensar en positivo, o sonreír, o tener solo experiencias agradables; es una presencia más profunda que alberga tanto el sufrimiento como la alegría con igual conexión creativa. No evita las dificultades de la vida, sino que se abre a ellas y las atraviesa de una manera que humaniza e integra la existencia.

Este poder está dentro de cada uno de nosotros. Cuando nos damos cuenta, nuestros sueños pueden convertirse en realidad, podemos encontrar lo mejor de nosotros mismos y de los demás, podemos crear un mundo al que queremos pertenecer. Por eso consideramos que el estado COACH es la metadistinción central del trabajo. Ahora, mientras pasamos a elaborar cada uno de los seis pasos del Coaching Generativo que abordamos en el primer módulo, esperamos que puedas apreciar más profundamente cuál es la diferencia que marca la diferencia.

Resumen

En el Coaching Generativo funcionamos desde la premisa de que la conciencia crea la realidad, y nosotros participamos activamente en este proceso. Este proceso creativo implica mantener «conversaciones», por ejemplo entre la conciencia cuántica «soñadora» y la conciencia mundana «realista», así como conversaciones más locales entre las mentes verbal (cognitiva) y no verbal (somática), y entre la posición «yo» y los numerosos «otros» en el campo de la identidad. Estas conversaciones utilizan filtros o mapas *representacionales* para traducir los campos de potencial creativo en realidades específicas.

Cada patrón tiene la misma capacidad de ser destructivo o constructivo, dependiendo de cómo lo utilicemos. Por eso, más importante que el patrón o el mapa es la presencia humana que lo está utilizando. COACH es un estado creativo que apoya realidades positivas y transformadoras, mientras que CRASH es una fuerza destructiva. Así que, en *coaching*, conectamos a los clientes con su intención positiva más profunda, y luego les damos apoyo para que encuentren su mejor estado creativo a fin de realizar su sueño.

Para poner todo esto en acción volvemos al modelo de los seis pasos, que fue el marco del Volumen 1, esta vez explorando aplicaciones más avanzadas para cada paso. Que el viaje te apoye para ser la persona que más quieres ser, y te ayude a crear las comunidades en las que más quieres vivir.

Hubo un maestro Zen japonés llamado Nan-in que vivió durante la era Meiji (1868-1912). Durante sus días como maestro, recibió la visita de un profesor universitario que sentía curiosidad por el Zen. Por cortesía, Nan-in le sirvió al profesor una taza de té.

A medida que vertía el té, la taza del profesor se llenaba, pero Nan-in seguía vertiendo. Al ver que la taza se desbordaba, el profesor no pudo contenerse más y dijo: «Está llena. ¡No va a entrar más!».

Nan-in se dirigió al profesor y le dijo: «Como la taza, estás demasiado lleno de tus propias opiniones y especulaciones. ¿Cómo puedo enseñarte el Zen si primero no vacías tu taza?».

Capítulo 2

Primer paso.
Abrir el campo COACH

El punto de partida de toda acción creativa es, en primer lugar, vaciar la mente y volver a conectar con una presencia profunda dentro de uno mismo y dentro del mundo en su conjunto. Al hacerlo, nuestros pensamientos y acciones serán claros y auténticos, pues brotan de una profunda piscina misteriosa. Se trata de un requisito previo para desarrollar cambios positivos sostenibles.

No consiste en un proceso mecánico y lineal, sino que forma parte de una conversación natural. Así, una primera parte típica de una sesión comenzaría con unos minutos de «charla social», para luego pasar a una descripción informal del objetivo de la sesión:

> *Date unos minutos y cuéntame qué es lo que más quieres conseguir hoy.*

Mientras el cliente habla, el *coach* empieza a entrar en un estado COACH, abriendo un espacio de escucha profundo y centrado. A partir de ahí, puede invitar al cliente a hacer lo mismo:

> *Parece que realmente tienes un objetivo y un reto importante, y me encantaría apoyarte para que lo consigas. Para ello, creo que un buen primer paso es conectar con lo mejor de ti.*

La mayoría de los clientes están de acuerdo con que esto sería estupendo, pero no saben si es posible ni cómo hacerlo. Este es uno de los primeros lugares en los que el *coach* generativo se gana el sustento: ayudando al cliente a desarrollar un *campo COACH* sostenible.

En el primer volumen, hablamos de dos métodos mediante los cuales se puede lograr esto. El primero consistía en guiar a los clientes a través de un proceso sencillo: C (centrarse) – O (abrirse) – A (estar atento) – C (conectar con el centro/intención/campo) – H (ser hospitalario dando la bienvenida a lo que aparezca). El *coach* utiliza las 3 erres de ritmo, resonancia y repetición para asegurar un efecto creativo.

El segundo método, al que llamamos prototipo del Paso 1, consiste en revivir las experiencias de tipo COACH ya vividas. Aquí preguntamos:

Cuando necesitas conectar contigo mismo, ¿cuáles son las mejores formas de hacerlo? (Por ejemplo, pasear por la naturaleza, hacer jardinería, meditar, conectar con una persona especial..)..

O bien: ¿Recuerdas un momento en el que hayas sentido una gran conexión contigo mismo y con un mundo más amplio?

Una vez que el cliente identifica ese lugar —y a veces necesita primero un poco de *coaching* sobre cómo relajarse, respirar, calmarse—, entonces el lugar se «desempaqueta» experiencialmente, de modo que los elementos positivos de ese recuerdo se reviven en el presente.

Eso es genial. Así que, cuando haces jardinería, sueles pasar a un estado muy positivo. ¿Recuerdas algún momento, quizás reciente, en el que hayas sentido una experiencia muy positiva haciendo jardinería?

Y cuando un cliente sintoniza con un recuerdo específico:

...Así que el miércoles pasado, después del trabajo, saliste al jardín. Genial. Relájate, respira y permítete sentir de nuevo esa experiencia, permítete entrar de nuevo en ella. (Pausa). Y permíteme reconocer la primera experiencia consciente que te venga: una imagen visual, una sensación corporal o un pensamiento... (El cliente comenta la experiencia). Así que, al sintonizar con esa experiencia positiva, lo primero de lo que eres consciente es del hermoso cielo azul y de las flores de tu jardín... Genial... Relájate y respira eso a través de tu cuerpo... Deja que esa imagen se mueva a través de tu respiración y de tu cuerpo para volver a experimentarla ahora.

Así que no solo estamos «hablando de» una experiencia, sino que estamos guiando a la persona para que «hable desde» esa experiencia. Generalmente esto significa identificar una experiencia específica, ir más despacio y relajarse, sintonizar con los detalles (sonido, vista, sensación) y «respirarlos» hacia arriba y hacia abajo a través del yo somático. Esto activa de forma experiencial el campo COACH.

Los Dos Niveles de la Realidad Experiencial

Para comprender mejor el valor de un campo COACH, repasemos nuestro diálogo del Volumen 1 sobre el modelo de construcción de la realidad «gran círculo-pequeño círculo». El «gran círculo» representa el espacio más profundo de la conciencia creativa, una especie de «campo cuántico» que contiene la historia de la conciencia. Este *campo creativo* es la fuente y el contexto de toda nuestra experiencia. El «pequeño círculo» representa los patrones de experiencia específicos que están presentes en cualquier narrativa experiencial: un pensamiento, un intercambio relacional, un suceso, un estado somático, un recuerdo, etc.

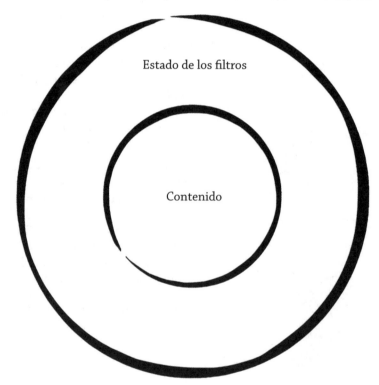

Aunque nuestro enfoque consciente suele estar en el «círculo pequeño» —todas las cosas que están sucediendo—, el significado y el movimiento de estas realidades experienciales provienen del «gran círculo» (el campo creativo más profundo). Así que, digamos que iniciamos una relación, y de repente se activa una sensación en el pecho que nos perturba. En esa sensación no hay un significado inherente, sino que el significado viene de la relación humana con ella. Entonces, si mi respuesta es:

¡Dios mío, estoy teniendo un ataque de pánico! Esto es terrible. Intenta no pensar en ello. Asegúrate de que nadie se dé cuenta...

Eso crearía una «experiencia negativa». *El significado no está en la experiencia misma, sino en la relación con la experiencia.*

Imaginemos una conexión relacional diferente: cuando surge el sentimiento perturbador, lo notas, das un paso atrás y respiras. Abres un espacio en tu pecho para darle la bienvenida y sentir curiosidad por él, y le das un apoyo respetuoso. Esto crearía una «experiencia positiva» que desplegará una realidad muy diferente.

Para entenderlo, hagamos un experimento. Piensa que eres un niño pequeño con una curiosidad inocente hacia el mundo. Ahora imagina dos puertas frente a ti: el cartel de la puerta de la izquierda dice «CRASH», el de la derecha dice «COACH». Abre la puerta de CRASH y entra solo lo suficiente hasta sentir que está llena de una presencia oscura y de gente con prejuicios, que te mira con ojos críticos y desaprobación. Mientras estás en su presencia, nota cómo afecta eso a tu creatividad, a tu percepción del mundo, a tu sentimiento de ti mismo.

Sal de esa habitación, respira y tal vez ponte bajo una «ducha sanadora» para lavar la suciedad de esa energía negativa. A continuación, dirígete a la sala COACH. Al entrar, siente una cálida sensación de resonancia y mira a tu alrededor para ver a personas de buen corazón, con los ojos brillantes y una gran presencia humana. Sintoniza con ese niño inocente que hay en tu interior y observa las diferencias en su experiencia de este espacio.

Probablemente las experiencias en las dos salas serían como la noche y el día. Esto es CRASH frente a COACH. En CRASH, sientes que la vida es peligrosa, deprimente, poco fiable, y te vuelves insensible, cínico o disociado de alguna manera. No es necesario añadir que la creatividad generativa queda restringida.

Sin embargo, en el espacio COACH sientes que la vida es acogedora, sorprendente y maravillosa, y te sientes bienvenido y conectado. Este es el punto de partida de la generatividad, y la razón por la que el primer paso del Coaching Generativo es «abrir un campo COACH».

Esta presencia más profunda es un campo, no un estado. Un estado es un patrón estructural diseñado para la vinculación relacional; un campo es un nivel más profundo, una presencia abierta que conlleva infinitos estados posibles. Algunos de los valores generativos de un campo COACH son:

Soltamos todas nuestras identificaciones y dramas del ego.

1. Nadamos en el océano cuántico de las infinitas posibilidades, sintiéndonos conectados al potencial infinito de cada momento.

2. Nos experimentamos como una *presencia abierta y consciente*, dispuestos y capaces de *estar* con cada experiencia *sin convertirnos* en ella.

3. Sostenemos cada experiencia como una joya brillante, sintiendo sus muchas formas y valores posibles.

4. Tocamos cada experiencia con una presencia humana positiva, ayudándola así a transformarse en un *recurso humano integrado*.

5. Desarrollamos una profunda confianza en que, independientemente de lo que nos traiga la vida, encontraremos la manera de convertirlo en una bendición y un recurso.

Cuando éramos más jóvenes, esperábamos que otros pudieran proporcionarnos estas experiencias. La buena noticia es que ahora *tú* puedes proporcionarte directamente estas conexiones transformadoras. ¿No te parece genial?

Las Tres Gotas de Mindfulness

Un método maravilloso para abrir un campo COACH es una práctica budista tibetana que llamamos *Las Tres gotas de* Mindfulness (Wangyal, 2012). Resulta interesante, pues esta tradición también distingue las tres mentes: verbal (cognitiva), somática y de campo; y ofrece muchas prácticas para abrir el nivel más profundo.

Con este método, te imaginas dejando caer «semillas medicinales» o «gotas» en cada mente: *quietud* para la mente somática, *silencio* para la mente verbal y *amplitud* para la mente de campo. La intención es cambiar cada mente desde el nivel «ego» (identificado con formas fijas) al nivel «generativo» (de formas brillantes y translúcidas). Así, por ejemplo, nos imaginamos dejando caer «semillas medicinales» de quietud a través de nuestra coronilla, sintiendo que el cuerpo absorbe la «medicina» para abrir un «cuerpo de luz» que contiene infinitos cuerpos posibles. Entonces, cuando nos «visite» un estado CRASH de ansiedad o dolor, será absorbido por el «cuerpo de cuerpos» —luminoso—, y pasará de un «cuerpo dolor» — fijado— a un cuerpo de «recursos» —que baila—. Esta experiencia de un «cuerpo de cuerpos» también es esencial para cualquier actuación generativa, en la que la conciencia encarnada debe estar en un estado fluido de patrones siempre cambiantes.

Quietud

Asimismo, las gotas de *silencio* se utilizan para abrir «nidos luminosos» en el parloteo continuo de nuestra mente ego. No tratamos de silenciar o de deshacernos de nuestros pensamientos, sino de cambiar la conciencia a una «mente de mentes» —sutil— que puede acoger compasivamente y comprometerse creativamente con cada forma-pensamiento. Podemos «estar con nuestros pensamientos sin convertirnos en ellos», el mejor de los mundos. (Este es uno de los principales objetivos de la mayoría de las prácticas de *mindfulness*).

Silencio

Para la mente de campo, las semillas de *amplitud* abren un «campo de campos» que «incluye y trasciende» cada una de nuestras comunidades de relación. En el arte marcial japonés del aikido me enseñaron que, al entrar en una habitación, debía imaginar que mi centro caía en la tierra, y luego se abría lentamente para incluir todo lo que había en ella y más allá. Sin bloqueo, sin apego, pero en un campo de conciencia que incluye y se extiende más allá de todo lo que hay. Una práctica muy generativa, sin duda.

Amplitud

Veamos cómo podría funcionar esto en el siguiente proceso de 5 pasos:

Paso 1: Preparación.

Bien, exploremos este proceso de alimentar a tus tres mentes con «gotas medicinales»: la somática, la verbal y la de campo. Encuentra un lugar para ti, acomódate y establécete en él.

Puedes hacerlo sentado o de pie.

Como primer paso, toma unas cuantas respiraciones profundas... y ralentízate... Encuentra una forma sencilla de decirte a ti mismo: *Es hora de volver a casa... Es hora de volverme a casa...* Inhala profundamente..., abre los brazos... para reunir todas las partes de ti mismo..., sintiendo todos los lugares a los que te has dado y... al exhalar, trae los brazos hacia ti..., tráete de vuelta a casa. Esto es bueno... (Pausa). Inspira profundamente... y al exhalar, suelta hacia la tierra..., deja caer tus caderas, relájate hacia la tierra... Relaja los tobillos, relaja las rodillas, relaja las caderas, y exhala hacia la tierra... Suelta... Suelta... Suelta...

Al inhalar, abre los hombros..., abre el pecho... y abre el corazón hacia los cielos..., elevándote a los cielos... y a las estrellas y a la luna y al viento y al cielo... E imagina que desde los cielos se vierte una bella energía purificadora..., quizás una cascada, o unos rayos de luz... y ponte debajo de ella..., ábrete a ella... y deja que te bañe con esa presencia purificadora..., como si estuvieras bajo una ducha... lavando todo el polvo y la suciedad y las toxinas..., lo que los japoneses llaman *misogi...*, *ritual de purificación*... (Esto puede modificarse o elaborarse de muchas maneras).

Paso 2: Gotas de quietud consciente (para el cuerpo).

Y desde este lugar, vamos a sintonizar con las *gotas de atención consciente*. Empecemos con el cuerpo físico..., con *la mente somática*. Siente tu cuerpo, siente su belleza natural, siente su profunda sabiduría e inteligencia... y para nutrirlas, imagina que sostienes una semilla luminosa o una gota líquida entre el pulgar y el dedo índice... Y siente esto como la *semilla de quietud*. Sintoniza tu conciencia para poder sentir la vibración de la semilla..., su color..., sus vibraciones energéticas..., una semilla que lleva música, recuerdos, sabiduría y sanación... Cuando puedas sentir esa *semilla de quietud*, levántala lentamente por encima de la cabeza... Muy lentamente, como una danza de taichí, tres o cuatro veces más lento que un movimiento habitual... Y cuando la semilla esté encima de tu cabeza..., suéltala suavemente en tu cuerpo... como una piedrecita cayendo en un estanque... (Voz más suave). Percíbela..., mírala..., siéntela..., siéntela como una medicina para el alma que está siendo absorbida por cada parte de tu cuerpo..., los músculos..., los vasos sanguíneos..., el corazón..., tu alma... *Quietud... Quietud... Quietud.* Descendiendo hacia abajo hasta la planta de los pies, hasta las raíces de la tierra... Suelta... Suelta... Suelta... (Esto puede desarrollarse. A menudo es bueno dejar caer la semilla tres o cuatro veces). (Pausa).

Paso 3: Gotas de silencio consciente (para la mente verbal).

Ahora sintonizamos con la segunda mente, la mente verbal. Siente dónde percibes la ubicación física de tu mente verbal... ¿La sientes en la frente?..., ¿a un lado?..., ¿un poco fuera de tu cuerpo?... ¿No te resulta interesante que puedas sentir dónde se ubica? Y mientras percibes afectuosamente tu mente verbal, observa lo que pasa con ella... ¿Está tensa? ¿Cansada? ¿Aburrida?... Notes lo que notes, dile internamente: *Bienvenido... Bienvenido... Bienvenido.*

Y para nutrirla con la medicina del alma, imagina que sostienes una segunda semilla entre el pulgar y el índice. *Una semilla de silencio*... Y levanta lentamente esa semilla por encima de la cabeza..., tres o cuatro veces más lento que un movimiento habitual... y luego déjala caer suavemente en el corazón de tu mente verbal..., dejando que abra un bello nido de silencio dorado para sostener la mente verbal. Silencio... Silencio... Silencio. No estás tratando de deshacerte de tus voces internas..., solo de sostenerlas en una bella «bola de energía» de silencio luminoso... Siente afecto y compasión por lo mucho que trabaja tu mente..., por cuánto se preocupa..., lo insegura que puede sentirse... Llévala dentro de la bola dorada de silencio... *Bienvenida... Bienvenida... Bienvenida...* (Pausa).

Paso 4: Gotas de amplitud consciente (para la mente de campo).

Y luego, la tercera mente son todas las comunidades de relaciones en las que vives y de las que formas parte..., tu lugar de trabajo..., tu familia..., tus amigos..., las diferentes comunidades de relaciones a las que perteneces... Y para traer la medicina del alma aquí... sostén una tercera semilla..., *la semilla de amplitud*... Siente esa semilla, siéntela latiendo entre tus dedos, siente sus colores y pulsaciones... *Amplitud..., amplitud..., amplitud....*

Y levanta lentamente esa semilla por encima de la cabeza... y deja que caiga suavemente a través de tu mente-cuerpo..., y al tocar tu centro..., el corazón... o el vientre... deja que esa semilla se abra y que florezca un bello campo generativo que extiende sus ondas hacia el mundo..., igual que al ver las ondas en un estanque cuando se deja caer una piedrecita... Un campo bello y luminoso... que simplemente se despliega y se extiende. Amplitud... Amplitud... Amplitud... para incluir a todas las personas, lugares y cosas en esa situación... y se abre incluso más allá de eso... Tu *campo COACH* se expande para incluirlo todo... haciendo espacio para todo, sin bloquearse en nada... Amplitud... *Amplitud... Amplitud...* Espacio para ti, espacio para ellos, espacio para la unidad de toda vida. (Este ejercicio se puede elaborar más).

Paso 5: Integración y reorientación.

Así que nota cómo las semillas pueden ayudarte a recordar..., *tienes un cuerpo, pero aún es más profundo, tienes un cuerpo de cuerpos* para contener y sostener tu precioso cuerpo..., *tienes una mente verbal..., pero eres la mente de las mentes* que puede sostener cálidamente cada pensamiento con bondad amorosa... Estás en muchas relaciones, pero puedes sentir la presencia más profunda que impregna y se extiende más allá de cada relación.

Así que tómate unos momentos para sentir lo que has sentido..., para notar lo que has aprendido sobre tu propio poder creativo... y cualquier cosa que encuentres aquí que sea útil..., haz el voto de seguir practicándola cada día... sabiendo que vives tu vida mediante las promesas que haces... de niño, y casi siempre hacemos votos negativos: *Nunca seré así..., nunca haré eso...*, pero de adultos, nuestras vidas crecen a partir de los votos positivos que hacemos...

Y luego, cuando estés preparado, date a ti mismo un buen abrazo. Nuestra maestra Virginia Satir, la gran madre tierra de la terapia familiar, solía decir que para ser un ser humano, necesitas al menos diez abrazos al día. Siempre puedes darte a ti mismo al menos cinco de ellos..., así que regálate un abrazo..., regálate el amor que anhelas recibir..., date el mensaje: *Te quiero, me importas, estoy aquí para ti...* y luego, cuando estés preparado, respira profundamente, abre los ojos y vuelve a la realidad habitual.

Este proceso puede modificarse de muchas maneras. En el Volumen 1 hablamos de cómo solemos obtener un compromiso de cada cliente para las prácticas diarias, y después les ayudamos a encontrar las prácticas óptimas para ellos. Este proceso de las «gotas de *mindfulness*» es uno de los más populares, y mucha gente descubre que le aporta grandes beneficios. La gente lo utiliza de distintas maneras: justo antes de un reto difícil, a modo de una breve conexión con el estado COACH en los momentos libres del día, como parte de un proceso de autocuidado diario, etc. Ayuda mucho a desarrollar la inteligencia orgánica profunda que es el campo COACH. Esto tiene su propio valor intrínseco, y también permite a la persona soltar más libremente sus luchas con el ego, ya que siente que hay algo más profundo que la va a «acoger» cuando se rinda.

Abrir el campo COACH: Mantras de **Mindfulness.**

Gotas de silencio

Gotas de quietud

Gotas de amplitud

Integración y reorientación

Preparación

La técnica de la atención en tres puntos

Hemos hablado de que una cosa es desarrollar un estado COACH y otra muy distinta mantenerlo. Perdemos nuestra conexión con el estado COACH muy fácilmente y de muchas maneras. Las cosas empiezan bien y luego se descarrilan con mucha facilidad. Por eso, es especialmente importante tener formas de mantenerse centrado, sobre todo en las áreas en las que sabemos que nos resulta fácil descentrarnos. En este sentido, la técnica de prestar atención a tres puntos es muy eficaz.

En el aikido, un principio central es:

¡No le entregues tus ojos al atacante!

Un corolario sería:

¡Nunca le entregues tu mente al problema!

Al hacerlo, perdemos nuestro centro y caemos significativamente en un estado CRASH. La técnica de prestar atención a tres puntos es una forma de desarrollar la «mirada suave» que permite la conexión primordial del aikido: *Cae en tu centro, ábrete al campo.* Esta es una práctica COACH para relajar el cuerpo, llevar la atención a las manos, sentir los ojos suaves y claros, y hacer que domine la atención periférica. En esta conciencia encarnada y abierta puedes entrar en un *estado de flujo*, en el que la información/energía se mueve *a través de* ti, minimizando los peligros del estado CRASH y optimizando las posibilidades del estado COACH.

Este no es un estado sentimental o de «calidez difusa»; en realidad, es el estado de actuación que se usa en el aikido para enfrentarse de manera creativa a amenazas y ataques severos. Primero haremos referencia al núcleo básico de la técnica y luego consideraremos sus distintas aplicaciones.

Paso 1. Asiéntate, interna y externamente, relájate. Como la mayoría de las técnicas de Coaching Generativo, puedes hacerlo sentado o de pie, pero te sugerimos que comiences sentado. Adopta una postura cómoda, mantén la columna vertebral recta y las manos sobre los muslos, con las palmas hacia abajo. Respira profundo y relájate.

Paso 2. Abre el eje vertical: la conexión «cielo/tierra». Respira hacia arriba y hacia abajo por la columna vertebral, imaginando un eje vertical que respira hacia la tierra, y después hacia arriba, a través de la coronilla, hacia el «cielo». Hazlo de forma relajada, sintiendo que la mente «cabalga la respiración» entre el cielo y la tierra, y abriendo un luminoso canal vertical. Muy importante, siente el peso en la mitad inferior de tu cuerpo, dejando que la mente caiga en el centro del vientre.

Paso 3. Desarrolla una «mirada suave» y abre la conciencia periférica. Solemos tener mucha tensión en los ojos, que crea el parloteo mental del ego. Para liberar este bloqueo neuromuscular, siente tus ojos «blandos», quizás imaginándolos como «soles radiantes». No una mirada apagada o turbia, sino clara y «sin ruido de fondo». Encuentra una sensación de conciencia sutil expansiva, abriendo tu mente periférica para que sea la dominante. Esto es una práctica: una vez que sabes lo que buscas, explora cómo encontrarlo en cada ocasión.

Paso 4. Siente tus dos manos en tu conciencia periférica como los dos primeros puntos de atención. Esto te permite dejar caer la atención hacia abajo, conectarla con la resonancia somática, abrirla a un campo COACH y anclarla en las dos manos. Como cualquier práctica, puede llevar un tiempo establecerse en esta conexión; la mente condicionada del ego siempre está rompiendo el ritmo y la conexión. Sabrás que la has encontrado cuando sientas que se abre un campo positivo y tranquilo a tu alrededor, en cuyo centro tú estás presente. (Este es un campo COACH).

Paso 5. Encuentra un tercer punto de atención para completar el «triángulo». Podría ser un punto imaginario delante de ti, que abriría tu mente al mundo. O podría ser un punto central dentro de tu cuerpo —por ejemplo, en el vientre o en la parte baja de la espalda— que te ayudará a mantenerte conectado contigo mismo, sin perderte en otras personas. Descubre cuál te resulta más útil.

Paso 6. Juntar todas las piezas. Ahora puedes practicar un «holón» en el que todas estas experiencias se armonicen: *Cuerpo relajado..., columna vertebral recta..., flujo vertical..., ojos suaves, conciencia periférica abierta... Enfócate suavemente en las dos manos..., incluye un tercer punto.*

Esta es una práctica básica para abrir el campo COACH. Es prima hermana de las técnicas de meditación, como la repetición de *mantras* o la *respiración consciente*, pero la suave concentración en las manos y la atención periférica abierta trae la consciencia más plenamente al mundo, permitiendo la acción creativa. Como he dicho, es una práctica fundamental en el aikido: ojos suaves, cuerpo relajado, conciencia abierta, con el foco conectado a tierra. Te ayuda a relajarte y a conectar, pero también a actuar de forma creativa. Para tener una idea de cómo podría funcionar, examinemos algunas aplicaciones.

1. *Disolver la ansiedad.* Si tuvieras que enseñar a otros técnicas infalibles para crear ansiedad en cualquier momento y en cualquier lugar, ¿qué ejercicios les darías?, ¿qué postura corporal, patrones de respiración, diálogo interno, movimientos de la frente...? Especialmente, ¿qué tensiones y movimientos de los ojos? Creo que estaríamos de acuerdo: para desarrollar la ansiedad, hay que tensar el cuerpo, inhibir la respiración, fruncir el ceño, tensar los ojos y mirar a tu alrededor con temor. ¿Cierto?

La técnica de prestar atención a tres puntos es una gran interruptora de los patrones de ansiedad. *Cuerpo relajado, centro somático, ojos suaves, enfoque delicado anclado en las manos, conciencia periférica.* Haciendo esto es prácticamente imposible ponerse ansioso. Es posible que los clientes necesiten apoyo para estar dispuestos y ser capaces de liberar los patrones de ansiedad compulsivos, y después necesitarán prácticas diarias para desarrollar la experiencia alternativa de un campo COACH. Pero hemos visto una y otra vez que esto puede hacerse, especialmente con el método de los tres puntos.

2. *Disolver el insomnio.* Al igual que en el caso de la ansiedad, ¿cómo enseñar a alguien a ser insomne? Qué te parece esta receta: decirse a sí mismo que hay que dormir, dar vueltas en la cama, apenas respirar, preocuparse por cómo se estará mañana, fijar los ojos, moverse de forma arrítmica, enfadarse consigo mismo por no poder relajarse..., los sospechosos habituales.

Viajamos por el mundo y sabemos que el *jet lag* puede alterar los patrones de sueño. Así que hemos utilizado una versión modificada de la técnica de los tres puntos. En primer lugar, métete en la cama; acuéstate boca arriba y toma unas respiraciones profundas; realiza lentamente un «escáner corporal», utiliza la técnica tradicional de tensar deliberadamente una zona muscular contando hasta cinco, y luego exhala profundamente y libera/relaja.

A continuación, desarrolla la mirada blanda y siente las «manos suaves», cada mano con la palma hacia arriba sobre la cama. Ahora concéntrate en un punto imaginario por encima de ti (preferiblemente en la oscuridad), de modo que sintonices con los tres puntos: mano blanda (izquierda), mano blanda (derecha) y punto imaginario. Si estás tenso y nervioso, puede ser necesario un *coaching* amable para seguir centrando tu atención nuevamente; recuerda que gritarte a ti mismo es probablemente la mejor manera de prolongar el estado negativo. Conecta con la absorción en los tres puntos hasta que te despiertes renovado por la mañana.

3. *Mantener tu centro con «otros» que se muestran difíciles.* Todos hemos experimentado agobio ante cierto tipo de gente: una persona que crítica mucho, un cliente suplicándote que lo salves o alguien que exige de forma narcisista una atención continua. Es fácil dejarse «hipnotizar» por su energía emocional y abandonarnos a nosotros mismos. Estos solo son algunos ejemplos de lo que significa «ceder tu centro» a otra persona.

El método de prestar atención a tres puntos es una forma muy práctica de mantenerse conectado con uno mismo como base desde la que abrirnos con seguridad y habilidad a los demás. Es una versión de un proceso general de cuatro pasos: (1) conectar con el centro; (2) abrirse al campo (más allá de cualquier persona, lugar o cosa); (3) sentir resonancia con la otra persona, pero solo de forma que se mantengan las dos primeras conexiones; y (4) sentir el «dar y recibir» entre uno mismo y el otro.

Una vez más, el compromiso de mantener los tres puntos permite «comprobar» fácilmente el estado COACH. Es algo que se percibe con rapidez tan pronto como (tú o tu cliente) se comienza a perder la conexión, e indica que el estado CRASH está llamando a tu puerta. Por lo tanto, entrenamos este proceso de conexión con un yo aterrizado y abierto como requisito para poder abrirse a los demás.

Hacer esto también puede permitirte una conexión mucho más profunda. De Milton Erickson aprendí a entrar en algo parecido al estado de atención en tres puntos al escuchar a los clientes. No solo no te dejas hipnotizar por la historia —que suele utilizarse como técnica de distracción cuando hay áreas problemáticas—, sino que te permite sentir el centro somático de la persona y su experiencia. En el quinto paso veremos cómo hacer esto a través de un proceso de *centramiento relacional* que permite conexiones «de centro a centro» con los clientes. Por ahora, queremos hacer énfasis en cómo permanecer contigo mismo a modo de condición previa para tener alguna posibilidad de ayudar a otros.

4. Mantenerte centrado cuando se activan tus emociones. Cuando realizamos un trabajo complejo, es fácil que se desencadene una emoción no integrada que puede derivar rápidamente en un notable estado CRASH. He trabajado mucho con supervivientes de traumas, donde este peligro es extremo. Aprendí a pedir a los clientes que mantuvieran los ojos abiertos durante este tipo de trabajo para que se sintieran más seguros y conectados con la tierra.

A menudo utilizamos el poner atención en tres puntos como técnica de enraizamiento para permanecer en el «aquí y ahora». El «tercer punto» era yo. A veces, los clientes me pedían que mi *golden retriever* se «sentara» en la sesión porque ponerle una mano en el lomo les proporcionaba un enraizamiento mucho más seguro del que yo podía ofrecerles. La atención a los tres puntos con los ojos abiertos permite detectar al instante la aparición de un posible estado CRASH, que señalaría un movimiento inmediato para restablecer el estado COACH: *pausa..., relajación..., ralentización..., conexión con las manos..., conexión conmigo*. Este es un proceso que consiste en aprender a comprometerte contigo mismo para abrirte (a otra persona, a una experiencia difícil) tan solo de una manera y a un ritmo que te permita seguir conectado contigo mismo y con el campo de recursos. Esta «escucha profunda» de tu conciencia orgánica es el compromiso más importante que puedes hacer.

5. Permanecer en estado COACH ante preguntas difíciles. En una vida creativa, muchas veces queremos avanzar, pero no sabemos cómo. El método de los tres puntos puede ayudar mucho en la difícil situación de estar con una pregunta que no tiene respuesta inmediata. Una respuesta típica a tal desafío es un estado CRASH. Puedes comprobar esto pidiendo a alguien que esté atrapado en ese esfuerzo un modelo somático del mismo. Mucha tensión, frustración, gestos autopunitivos, etc.

El aprendizaje generativo siempre ocurre en nuestro «límite», en el lugar entre el «saber» y el «no saber». Así que estas «preguntas sin respuestas obvias» tienen un alto potencial creativo si podemos mantenerlas en un campo COACH. A veces bromeamos diciendo que las palabras favoritas de nuestro mentor, Milton Erickson, eran: ¡No lo sé! Nos sorprendía la frecuencia con que las decía, y lo feliz que se sentía al oírlas de sus alumnos o pacientes. Aprendimos que estas palabras anunciaban un umbral hacia el cambio generativo, si estaban presentes las condiciones para ello. De hecho, la afirmación completa de Erickson solía ser: No lo sé... ¡Pero tengo mucha curiosidad por averiguarlo! Nos enseñó que la experiencia de no-saber es precisamente la razón y el momento en el que es útil el «trance» —y lo que llamamos el campo COACH—. Es una forma de pasar de «buscar la respuesta» a «sostener la pregunta» con seguridad, para que una inteligencia más profunda pueda dar un paso adelante y guiar el camino. (En el modelo de creatividad de cuatro pasos que mencionamos en el Capítulo 1, este es el período de incubación).

Prestar atención a tres puntos es una forma magnífica de trabajar con estas preguntas que no tienen una respuesta obvia. La base del método es: Ponte cómodo..., relajación somática y flujo vertical..., ojos suaves..., prestar atención a tres puntos. En este caso, puedes invitar a la persona a usar los tres puntos para imaginar un triángulo que abre un pasaje hacia lo profundo del inconsciente cuántico. En esa sintonía, invítalos a mantener su pregunta central, como un suave mantra. Di la pregunta..., llévala a la presencia más profunda..., ábrete a lo que venga... (repite). Con un suave enfoque periférico basado en la sabiduría somática, siente curiosidad por las imágenes, los símbolos y las nuevas comprensiones que surjan del «pozo profundo» del inconsciente, a través del triángulo, hasta tu campo de conciencia. Obviamente, este proceso se realiza con el ritmo, la resonancia y la repetición necesarios para el trabajo creativo. Esperemos que veas que puede ser una gran herramienta para la conversación entre el «consciente y el inconsciente creativo», crucial para la creatividad generativa.

Resumen

Bien. Esto es mucho material. Empecemos a concluir la exploración de este primer paso crucial que es abrir un campo COACH. Hasta ahora hemos tocado cuatro métodos básicos para hacerlo: (1) revivir experiencias tipo COACH; (2) el proceso guiado de C-O-A-C-H; (3) las tres gotas de *mindfulness*; y (4) la técnica de la atención en tres puntos. Para cada paso del Coaching Generativo necesitas disponer de una serie de métodos en tu caja de herramientas. Ahora tienes cuatro para el Paso 1, ¡y muchos más por venir!

En todo esto hemos aprendido que los estados COACH y CRASH no son formas absolutas y fijas. La conciencia orgánica, como todo en la naturaleza, está en constante cambio. No pensamos en COACH frente a CRASH como distinciones artificiales impuestas a la conciencia orgánica, como suelen hacer las tradiciones occidentales. Son formas de hablar sobre cómo entretejer una presencia humana sensible con la consciencia orgánica de la vida. Cuando estamos despiertos y abiertos, se hace presente toda una nueva dimensión de vida creativa; nos beneficiamos de la vida y la vida se beneficia de nosotros. Pero cuando estamos cerrados y hostiles —lo que llamamos CRASH—, una conciencia oscura, exclusiva de los humanos, envenena la consciencia orgánica. Herimos al mundo y el mundo nos hiere.

Conocimos a Milton Erickson en los últimos cinco años de su vida. Era un hombre mayor y, para nosotros, lo sabía todo. Por eso nos sorprendió oírle decir cosas como: *Cuanto más aprendo, más me doy cuenta de lo poco que sé.* Pensábamos que seguramente estaba mintiendo. Ahora, a medida que «maduramos», esas palabras resuenan como verdaderas. Así que lo que buscamos en este primer paso es unir la conciencia humana con la unidad interconectada de la totalidad de la vida. Ahora sabemos que solo podemos hacerlo si nos damos cuenta cada día, a cada momento, de que la manera de lograrlo es única «dentro del entramado de la compleja totalidad». *No lo sé, pero tengo mucha curiosidad por averiguarlo...*

Lánzate como una semilla al andar y, en tu propio campo, no vuelvas el rostro porque eso sería dirigirlo hacia la muerte, y no dejes que el pasado pese en tu movimiento.

—Miguel de Unamuno, *Raíces y Alas*, editado y traducido por Robert Bly

Capítulo 3

Segundo paso.
Intención Positiva

L a pregunta central de las conversaciones de Coaching Generativo es:

¿Qué es lo que más quieres crear en tu vida?

En el último capítulo nos centramos en la *apertura* de un campo COACH como primer paso de esta conversación. Ahora nos centraremos en el paso complementario de *establecer una intención positiva* de forma generativa.

Para entender la intención «generativa», volvamos al modelo de las cuatro «E» que mencionamos en el capítulo 1. Allí vimos que la ciencia cognitiva ha pasado de pensar en el «intelecto desencarnado» —en el que una idea es un concepto verbal que tienes en la cabeza— a los modelos multimodales de las ideas como: *encarnadas, ensambladas (en múltiples contextos), expresivas (que implican «música» y movimientos no verbales) y en acción (patrones de comportamiento).* Esto deja claro que si estamos haciendo *coaching* de creatividad, debemos asegurarnos de que los clientes conecten de forma resonante con cada una de estas modalidades.

Nos parece desafortunado que las personas que ayudan con herramientas tradicionales, como el *coaching* y la terapia, hayan surgido de contextos médico-científicos, donde el intelecto ajeno al cuerpo es el valor por defecto. Creemos que el *coaching* se lleva a cabo más eficazmente cuando la vida se considera un arte escénico. Porque en el arte escénico trabajamos con la pregunta de cómo encontrar tu conexión más profunda con la vida, y luego con cómo tocar a la gente con ella. Esta es la cuestión que vivimos en el Coaching Generativo.

En el primer volumen sugerimos un modo de llevarlo a cabo que implica una conexión profunda con tres modalidades de representación:

1. *Verbal:* como una declaración o mandato. *¡Hagamos que ESTO ocurra!*

2. *Visual* (visualizar un futuro positivo)

3. *Somática* (encarnada)

Vimos cómo encontrar la mejor declaración verbal, que ha de ser *sucinta* (de cinco a siete palabras o menos), *positiva* (con la presencia de un comportamiento, logro o estado experiencial específico) y que tenga *resonancia* (tanto en el cliente como en el *coach*). Por ejemplo:

Quiero una intimidad más profunda en mi matrimonio.

La imagen visual (preferiblemente en color) podría estar representada tanto por una realidad social como por una metáfora. Por ejemplo:

> *Y una imagen en color que va con eso es... mi pareja y yo abrazados (realidad social)*

o...

> *dos pájaros volando juntos en el cielo (imagen metafórica).*

Lo mejor suele ser una combinación de imágenes metafóricas basadas en la realidad. La representación somática suele ser un *modelo somático*:

> *Y si le pido a mi cuerpo que lo muestre como movimiento, podría ser...* (el movimiento de una mano abriéndose, mientras la otra toca el corazón).

Se suele pedir a los clientes que se muevan lentamente a lo largo de este enunciado en tres partes (con *ritmo, resonancia* y *repetición*), como una canción o una danza. Por ejemplo, un cliente que tenía problemas con sus compañeros de trabajo dijo lo siguiente:

> *Lo que más deseo crear en mi relación profesional es... el respeto mutuo y la escucha profunda.*

> *Y una imagen visual que podría acompañar a esto es...* (al cliente se le guía a ir más despacio, para ver qué sucede)... *sentado con mis compañeros y escuchando...*

> *Y si le pido a mi mente somática que deje venir un modelo somático, podría ser...* (pausa)... (el cliente se toca el corazón y asiente lentamente con la cabeza)...

Una segunda ronda produjo declaraciones con tres contenidos: *abrir sinceramente el corazón (verbal), un hombre meditando en el bosque (visual) y un hombre con los ojos cerrados y las dos manos en el corazón (modelo somático).* Una tercera ronda: *comprensión profunda (verbal), caminando por la playa con los compañeros (visual), bailando salsa (modelo somático).* Para cada enunciado y cada ronda, el proceso creativo se profundiza con: *resonancia, pausa, silencio, feedback, respiración, repetición.* Dicho de otro modo, las palabras son solo una parte de la conversación creativa, al igual que en cualquier arte escénico.

Modelo somático
de primera ronda

Modelo somático
de segunda ronda

Modelo somático
de tercera ronda

Como suele ocurrir, el cliente compartió que mientras realizaba el proceso, sentía como si estuviera «mudando de piel» y «disolviendo los muros» que había construido, lo que le permitía tener un sentido mucho más profundo y claro de quién quería ser y cómo quería comunicarse en esta relación. Después, informó de la gran diferencia que esto generó al volver al trabajo.

La vida es un arte escénico. Cuando nos quedamos atrapados en la cabeza, perdidos en las emociones, desconectados de los demás, no importa lo que queramos: nada positivo puede ocurrir. Conectar a los clientes con su intención positiva implica ir conectándolos hábilmente y de forma segura con las partes más profundas de su ser. A partir de ahí, los sueños pueden hacerse realidad.

Expresar la Intención

1. Lo que más quiero crear en mi vida es (*declaración verbal*).

2. La *imagen* que va con eso es _____.

3. Y el *modelo somático* de lo anterior es (mostrar el movimiento).

Primer método: Extender la intención para tocar a los demás. «Bolas de energía»

Conectar profundamente con uno mismo es bueno, pero no suficiente. También necesitamos llevarnos al mundo y tocar a los demás con lo que somos y lo que hacemos. Algunos de nuestros mejores maestros son los niños: no hay fronteras (para bien o para mal) entre el mundo y ellos. Su espontaneidad y energía son asombrosas; llegan tan profundo... Todos fuimos niños así alguna vez... ¿Qué pasó? Por el camino aprendimos a levantar «muros de energía» invisibles. Tiene sentido: tuvimos que aprender a protegernos de la energía negativa, y nos enseñaron a reprimir nuestra energía espontánea de «pavo real». Cuando observamos la presencia encarnada de los niños pequeños frente a la de los adultos, vemos la diferencia: *los adultos viven detrás de muros energéticos invisibles.*

La mayoría de los adultos viven detrás de muros energéticos invisibles. Nada entra ni sale.

El costo es enorme: nada sale, nada entra. Sufrimos lo que Henry David Thoreau llamó «vidas de desesperación callada». Para ser creativo, tienes que abrir tus canales y tocar el mundo con tu espíritu, como una cantante que canta su canción, o como la presencia de un orador que se extiende por una sala.

Para ser creativo tienes que abrir tus canales y tocar el mundo con tu espíritu.

Una forma de hacer *coaching* a los clientes para que practiquen es un ejercicio llamado «lanzar bolas de energía». En este proceso, el *coach* se sitúa frente al cliente. A este se le ayuda a conectar con una intención positiva: imagínala como una «bola de energía» que sostienes, y a continuación «lanza la bola» para tocar a la gente con esa intención. Esto expande la experiencia de tocar a los demás con un movimiento fluido e ininterrumpido: siente la intención, ponla en una bola de energía, conecta con el estado *coach*, lanza la bola de energía mientras mencionas la intención, «salpica» al *coach* con ella, suelta y vuelve al centro. Al hacer esto, es fácil ver a la persona cuando llega a un «CRASH» y cómo encarna y extiende las versiones COACH de la intención de muchas maneras distintas.

1. El *coach* y el cliente se ponen frente a frente: estado COACH, identifica el objetivo, ubícalo en la «bola de energía».

2. El cliente lanza «la bola de energía con la intención» hacia el *coach* (o hacia otras personas imaginarias): lo que más quiero traer al mundo es... ¡X!

3. Tras el intercambio inicial, el *coach* y el cliente improvisan múltiples formas de tocar a los demás con la intención.

4. Vuelve al centro, revisa, observa qué es lo que necesita más trabajo, compromiso, reorientación.

Echemos un vistazo a los resúmenes de la sesión realizada con una cliente llamada Olivia.

**Primer paso: Conexión social,
definición informal de los objetivos.**

Como en cualquier reunión social,
solemos empezar con un poco de conversación para conectar, y luego pedimos al
cliente que hable de manera informal de
lo que más quiere conseguir en la sesión.

Steve: *Hola, Olivia.*

Olivia: *Hola, Steve.*

Steve: *Bienvenida a la sesión. ¿Cómo te
va hoy?*

Olivia: *Bastante bien. Estoy disfrutando del día soleado.*

Steve: *Yo también. Parece que por fin
llega la primavera.*

Olivia: *¡Sííí!*

(Siguen unos minutos más de charla).

Steve: *Entonces, hablemos un poco del
trabajo que quieres hacer hoy. Dime: si hay
alguna cosa que te gustaría lograr aquí hoy
e irte con ella, ¿qué sería?*

Olivia: *Se trata de un viejo comportamiento. Cuando tengo que hablar con alguien, empiezo a preocuparme, y entonces
me pongo nerviosa y hablo muy rápido con
esa persona... Me gustaría cambiar este
aspecto de mi comunicación. Creo que me-
joraría mis habilidades personales y profesionales.*

Steve: *Sí. Puedo oír, ver y sentir que estás tocando algo significativo para ti. Y me
gustaría mucho apoyarte en este proceso.*

Olivia: *Gracias.*

Steve: *Si hubiera un área en la que esto
fuera especialmente importante... ¿Cuál
sería? ¿Algo de tu vida profesional? ¿De tu
vida personal?*

(Nota: Suele ser importante conectar la intención con un contexto específico, ahí es donde se activa la imaginación creativa y se revela la dinámica central de la situación).

Olivia: *Sería en mi relación personal con mi marido...* (Hace una pausa, parece llorosa).

Steve: (Se toca el pecho con las manos). *Sí, cuando mencionas eso, siento que me toca el corazón de una manera profunda. No sé dónde lo sientes más profundamente...*

Olivia: (Se toca el pecho). *En algún lugar por aquí...*

Steve: (Respira en silencio unos instantes, tocándose el corazón). *Sí, siento eso. Genial. Me gustaría dar la bienvenida a esa presencia en nuestra conversación. Bienvenida.* (Olivia asiente, tocándose el corazón). *Y si lo estoy entendiendo bien, estás diciendo que amas mucho a tu marido y te gustaría apoyarlo...* (Steve extiende los brazos)... *pero cuando vas a hacerlo, empieza a suceder algo caótico...* (Steve hace movimientos caóticos y ansiosos)... *y te sientes abrumada. ¿Lo he entendido bien?*

Olivia: *Correcto, Stephen. Sí, es exactamente así.*

(Como suele ocurrir, cuando la clienta conecta con su objetivo, se activa un obstáculo: *quiero X, pero aparece Y*. Este es un buen momento para abrir un estado COACH, de modo que el obstáculo pueda ser bienvenido y transformado en un recurso esencial).

Segundo paso: Desarrollar un estado COACH.

Steve: *Pues bien, para hacer lugar a todo el equipo —tu objetivo, tu obstáculo y quien sea que aparezca en la conversación—, probablemente sea un buen momento para abrir un espacio COACH positivo.*

Olivia: *Eso suena como una buena idea.*

Steve: *¿Tienes un método que te funcione bien para conectar con un estado positivo?*

Olivia: *Sí. Suele ser un proceso de respiración. Inhalo lentamente* (se lleva las manos por encima de la cabeza) *y luego exhalo, y dejo ir todo* (baja las manos lentamente, exhala).

Steve: (Refleja el movimiento de las manos). *Genial. Y si te parece bien, vamos a tomarnos unos minutos y puedes guiarme en ese proceso. Me quedaré en mi propio carril aquí, pero veamos cómo podemos usar este proceso para desarrollar un estado positivo... ¿Puedes guiarnos a través de él?*

Olivia: (Asiente). *Inhala...* (repitiendo lentamente el movimiento de las manos) *y levanta los brazos hacia arriba* (los brazos cobran vida lentamente)*..., luego bájalos... y sueltas todo mientras exhalas.* (Exhala profundamente mientras baja los brazos).

(Esto se repite unas cuantas veces, para beneficio de todos).

Steve: *Genial. Gracias. ¿Y hay alguna imagen visual que vaya con esto..., lugares en la naturaleza? ¿Otras imágenes positivas?*

Olivia: (Respirando profundo, con los ojos cerrados). *Es como que voy sumergiéndome en el agua, bajo el agua, y es muy agradable. El agua está muy cálida y puedo relajarme y entregarme totalmente. Me siento sostenida.*

Steve: *Espectacular. Entonces, usemos esto como nuestra base (COACH). Respiras, reduces la velocidad..., sientes el movimiento del cuerpo..., sientes las aguas cálidas que te sostienen..., puedes simplemente hundirte...* (Esto se elabora en un poco de tiempo).

Y este es siempre nuestro primer paso. Antes de afrontar un reto, nos debemos a nosotros mismos darnos tiempo para conectar con los recursos. Para sentir: estoy a salvo... Estoy bien... Siento el agua... Siento la belleza del mar... Y siempre que te sientas atrapada en cualquiera de las cosas antiguas —la preocupación, la agitación, el hablar más rápido—probablemente esto es lo más importante que puedes hacer por ti misma. Utiliza el estrés como una bandera roja..., una señal... de cuándo volver... al mar, al cuerpo, a la respiración.

Parece que ahora tienes una buena conexión positiva, ¿es así?

Olivia: *Sí, mucho.*

Steve: *Genial. Así que, mantente conectada con ese lugar..., con tu ritmo, tu respiración, tu cuerpo, tu mente... Y con esta conexión, abre los ojos y veamos cómo podemos usarla como recurso.*

Olivia: *Genial. Gracias.*

Tercer paso: Declaración generativa de la intención.

Steve: *De nada. Volvamos a tu objetivo y veamos cómo profundizar la conexión con él. Manteniendo la conexión con el estado COACH, permítete expresar la intención en cinco palabras o menos, con un movimiento somático.*

Olivia: *Lo que más quiero hacer es... apoyar a mi marido.* (Su voz se constriñe, sus hombros se bloquean).

Steve: (Con delicadeza). *Puedo ver y sentir que realmente quieres apoyar a tu marido... y cuando vas a hacerlo, algo más surge en ti. Tus hombros se bloquean, pareces estresada. Eso es interesante... Estoy seguro de que tiene sentido. A esa parte de ti, le digo... ¡bienvenida!*

Olivia: (Riéndose). *Inmediatamente siento algo aquí* (aprieta los hombros y los brazos) *que está realmente furioso.*

Steve: *Sí. He tenido la imagen de una niña de siete años, muy intensa, muy aislada, no sé qué imágenes podrías encontrar conectadas a esa emoción...*

Olivia: (Se toca la garganta y la zona superior del pecho). *Bueno... Cuando tenía más o menos esa edad, mi madre, que era médica, estaba siempre muy muy ocupada. Parecía tan agobiada e infeliz. Y yo tenía tantas ganas de apoyarla* (Nota: Esta es la intención de Olivia en su familia actual).

Pero no sabía qué hacer. Ella parecía ignorarme, y yo me sentía confusa y hablaba muy rápido. Y entonces ella se enfadaba conmigo y salía de la habitación.

Steve: *Quieres decir que...* (Steve se tensa, habla más rápido). *«Quiero apoyarlos, pero no lo reciben. Será mejor que me esfuerce más, que hable más rápido».* (Steve acelera, empezando a balbucear de manera juguetona).

Olivia: *Sí. Exacto. Exacto. Eso es exactamente.*

Steve: (Se calma, habla suave). *Lo veo. Siento eso. Doy la bienvenida y ofrezco apoyo a esa presencia de ocho años que surge cuando quieres apoyar a tu marido.*

REALMENTE QUIERO APOYARTE... PERO TAMBIÉN NECESITO TU APOYO.

(Olivia rompe a llorar y Steve la ayuda suavemente a conectar con las «cálidas aguas de su estado COACH que le dan apoyo»).

¿Y no es estupendo que cuando le vas a dar más apoyo a tu familia, algo dentro de ti despierta y dice: «Eh, dame apoyo a mí también»?

Olivia: (asiente con la cabeza, todavía tocándose con suavidad el pecho).

(Nota: De nuevo, a menudo los obstáculos se activan cuando se expresa la intención positiva. En CG los vemos como recursos, pues son parte integral de la solución generativa).

Steve: *Si estoy entendiendo bien, para ti es muy importante ofrecer apoyo a tu esposo.* (Hace un movimiento hacia afuera)... *Pero estás aprendiendo que, para hacer eso, primero tienes que recibir apoyo para ti.*

Olivia: (se queda en silencio durante unos instantes, luego asiente con la cabeza, parece aliviada).

Steve: *Es bueno saberlo... Entonces, ¿por qué no probamos esta intención modificada? Realmente quiero apoyarte..., pero también necesito tu apoyo.*

Olivia: (Hace una pausa, luego asiente con la cabeza. Pronuncia la intención en dos partes lentamente, varias veces). *Sí, siento que esto es muy diferente. Tan correcto... Algo se calma dentro. Algo se ralentiza. Esto me encaja del todo.*

Steve: *Genial, es bueno saberlo.*

Cuarto paso: Ampliar y recibir la intención con modelos somáticos.

Steve: *Vamos a ver cómo puedes poner en práctica ese mensaje con tu marido.*

Olivia: *De acuerdo.*

Steve: (De pie frente a Olivia). *Me gustaría guiarte suavemente a través de una secuencia simple.* (Cada una de las siguientes afirmaciones se dice *con ritmo, resonancia y repetición*). *Estado COACH...* (Olivia respira y abre sus brazos). *Conecta con la intención: quiero apoyarte... y necesito que me apoyes.* (Con una mano se toca el corazón, extiende la otra hacia afuera). *Estado COACH para mantener esa intención...*

Ahora vamos a encontrar un movimiento somático que vaya con cada parte. Mientras dices «quiero apoyarte», permítete imaginar que sostienes esa intención como una bola de energía... (Steve modela) *y luego cuando dices esas palabras...*, *«quiero apoyarte»...*, *lanza esa bola de energía hacia mí.* (Steve modela). *Yo representaré a tu marido...*, *lanza una bola de energía hacia mí...*, *que le salpique...*, *que le toque... Quiero APOYARTE...* (Steve lanza la bola a Olivia como un niño inocente, con despreocupado abandono). De acuerdo, *inténtalo tú...*

(Ahora Steve entrena a Olivia para que lance la bola de energía de su intención como una niña juguetona, sin reprimirse. Como ocurre con la mayoría de los clientes, esto requiere unos minutos de entrenamiento, especialmente en lo que se refiere a moverse con la energía somática infantil de un niño jugando. Olivia lo hace unas cuantas veces, pero luego surge el estado CRASH).

Steve: *Genial. Hagamos una pausa. Escucha tu cuerpo, escucha lo que tu verdad interior te está diciendo... ¿No es interesante darte cuenta de que, cuando vas a brindar apoyo a otros, surge algo dentro de ti que dice: «¿Y yo qué? ¿Alguien ha dicho apoyo? ¡A mí me vendría bien un poco de apoyo!».* (Hace esto con amabilidad, con la intención de invitar a la parte que normalmente cierra el sistema a que sea bienvenida para contribuir como un recurso integral).

Así pues, usemos el feedback de tu cuerpo para pasar al otro lado. Esta profunda necesidad interior dice: «Necesito que me apoyes». Haz un movimiento de eso. Envía el mensaje (como modelo somático), *y muestra la necesidad* (modelo somático de recibir). *Ofrecer*

apoyo... Pedir apoyo. Te lo doy... y lo necesito de ti. (A medida que Olivia realiza estos movimientos somáticos de lanzar y recibir bolas de energía, comienza a ocurrir un cambio profundo. Emerge la preciosa belleza de una niña/mujer, y la sensación es como si llenara la habitación).

Steve: *Eso es. Ahí está. Ahí estás... Siente esa plenitud... de dar y recibir... Eso es. Siente cómo es encontrar ese equilibrio. Solo puedes dar auténticamente a los demás si estás recibiendo recíprocamente de forma equilibrada.*

Olivia: *Vaya, esto es un cambio tan profundo. Tengo una sensación de apertura en todo. Ahora mismo, cuando pienso en esos contextos, ya no me provocan esa culpabilización. Puedo sentir que esa tensión y ansiedad... y el agotamiento profundo que siento todo el día... se liberan cuando pido apoyo.*

Steve: *Eso es. Eso es. Bien por ti. Eso es.*

Esto continuó durante otros 8-10 minutos. Olivia sintió las diferentes partes de ella misma que necesitan ser honradas e integradas para que pueda brindar apoyo a otros de una manera auténtica.

Para tener éxito en nuestra intención positiva, necesitamos encarnarla congruentemente, y después extenderla y liberarla en el mundo. En este camino nos encontramos con muchos obstáculos que nos frenan, y en CG los vemos precisamente como los portadores de los recursos que necesitamos para alcanzar la plenitud creativa. Ejercicios como «lanzar bolas de energía» son una forma divertida e iluminada de enseñar a la gente a extenderse en un círculo ininterrumpido de conexión con el mundo.

Extender la intención para tocar a
los demás - «Bolas de energía»

**PRIMER PASO: CONECTA
CON LA INTENCIÓN**

**SEGUNDO PASO: GENERA
UN ESTADO COACH**

REALMENTE QUIERO APOYARTE... PERO TAMBIÉN NECESITO TU APOYO

IDENTIFICA OBSTÁCULOS CUANDOQUIERA QUE APAREZCAN

TERCER PASO: DECLARACIÓN GENERATIVA DE LA INTENCIÓN

CUARTO PASO: EXTIENDE Y RECIBE TU INTENCIÓN USANDO MODELOS SOMÁTICOS (BOLA DE ENERGÍA)

Segundo método: Extender la intención con ternura, fiereza y ganas de jugar

Ahora queremos abordar la segunda parte de este proceso. (Lo exploraremos en profundidad en el próximo capítulo). Se trata de lo que llamamos las tres energías arquetípicas: ternura, fiereza y ganas de jugar. Un arquetipo es un patrón humano universal que ha evolucionado a lo largo de muchas generaciones para hacer frente a los principales desafíos humanos.

A veces lo que más necesitamos es ser amables, pacíficos y de buen corazón; este es el patrón arquetípico de la ternura. ¿Quién es un ejemplo para ti de ternura profunda y poderosa?

El complemento es la fiereza: también necesitamos ser firmes, comprometidos, resilientes, tener límites claros y detectar bien las «patrañas y engaños». ¿Quién es un modelo de fiereza positiva para ti?

También necesitamos las ganas de jugar. La vida es demasiado seria para no tener sentido del humor. Necesitamos aportar chispa y un «brillo irlandés» a las conexiones. ¿Quién representa las «ganas de jugar» para ti?

Piensa en cualquier persona creativa o que te inspire, y descubrirás que es portadora de las tres energías de forma integrada. Seguiremos explorando esto en el próximo capítulo. Por ahora, simplemente comprobemos que añadir las energías arquetípicas permite profundizar la expansión de la intención en el mundo.

¿Quiénes podrían ser tus modelos de ternura, fiereza y juego?

1. Continúa con las improvisaciones de «lanzar bolas de energía» para tocar a los demás con una intención generativa.

2. Incluye los modelos somáticos y las energías de fiereza positiva, juego y ternura.

3. Siente las conexiones óptimas, toma nota y establece compromisos.

NUNCA SERÉ COMO ELLA

Steve: *Así, Olivia, me gustaría añadir otro elemento a este trabajo, que es la energía que encarnas cuando pones tu intención en acción. A veces, lo que más necesitamos es ofrecer ternura, primero a nosotros mismos, y luego, a partir de ahí, tal vez a los demás. Otras veces, lo que realmente necesitamos es fiereza positiva: necesitamos que la gente sepa que vamos en serio, que tomamos una postura, que aportamos nuestro fuego positivo a la conexión. Y en otras ocasiones necesitamos ser capaces de jugar, de no ser tan sombríos y tensos..., de ser capaces de destellar y brillar.*

Me gustaría pedirte que consideraras esta conexión relacional con tu marido, y lo que estás intentando crear... y me pregunto ¿cuál de estas energías —ternura, fiereza, juego— crees que es tu punto débil?

Olivia: *Fiereza. Creo que le tengo miedo. Consumió a mi madre y por eso trato de alejarme de ella.*

Steve: *Eso tiene sentido. Entonces, cuando piensas en la fiereza, tienes especialmente esta versión CRASH del enfado de tu madre...*

Olivia: *Sí...*

Steve: *¿Y recuerdas haber hecho la promesa de que nunca serías como tu madre?* (Los ojos le brillan).

Olivia: *Sí, lo hice.*

Steve: (Se ríe, asintiendo). *No es tanto que yo sea un vidente, sino que he descubierto que casi todos hacemos promesas de que nunca seremos como nuestros padres. Yo ciertamente las hice.* (Steve y Olivia se ríen).

Steve: *Bueno, ya sabes, las promesas negativas que hacemos en la primera mitad de nuestra vida, generalmente tenemos que romperlas en la segunda mitad. Parece que necesitas romper tu promesa de alejarte de la fiereza.* (Pausa). *Sin ella, nunca podrás pedir lo que necesitas. Y si no puedes amarte a ti misma, es imposible brindar auténtico amor a los demás...*

Olivia: (Asiente con la cabeza). *Sí, creo que tienes razón.*

Steve: *Lo que quiero destacar es que hay versiones negativas y positivas de cada una de estas energías. Parece que has sufrido las versiones negativas de la fiereza al crecer en tu familia... A mí también me ocurrió. Pero ahora tenemos que aprender las versiones positivas, para poder estar integrados y completos. Me pregunto..., si respiras y cierras los ojos por un momento... y dejas que venga una imagen de fiereza positiva..., simplemente registra lo que aparece.*

Olivia: (Risas). *Es tan extraño... pero me vino la imagen de un luchador de sumo japonés* (risas). *No sé por qué, no es algo que me interese normalmente, pero eso es lo que ha aparecido.*

Steve: *¿No crees que es interesante? Así que, demos la bienvenida a este luchador de sumo. Estoy seguro de que ha llegado para apoyar tu proceso.* (Ambos se ríen). *Probemos este experimento, ¿te parece?* (Steve empieza a modelar y Olivia lo sigue). *Entremos en el modelo somático de un luchador de sumo.* (Cada pie da un golpe en el suelo, en cuclillas, con las manos en las rodillas, emitiendo sonidos, con aspecto feroz pero juguetón).

Olivia: *Dios mío...* (Ríe histéricamente).

Steve: *Vamos, acompáñame.* (Steve y Olivia comienzan a modelar somáticamente al luchador de sumo, ambos riéndose y a la vez con fiereza). *Y vamos a probar esto: un pie pisa fuerte..., el otro pie pisa fuerte... ¡Necesito tu apoyo!* (Con expresión de fiereza y vulnerabilidad). *¡Necesito tu apoyo! Maldita sea, necesito tu apoyo.*

Olivia: (Olivia empieza a explorarlo, pasando por posturas de enojo, vulnerabilidad, risa). *Necesito tu apoyo.* (Añade algunas afirmaciones más).

Steve: *Y ahora vamos a cambiar.* (Extiende el brazo y la palma de la mano hacia fuera). *Y quiero apoyarte.* (Se pone de pie en una postura amable, con ojos tiernos pero claros). *Ahora inténtalo por ti misma...*

Olivia: (Cae lentamente en la postura de sumo..., mira a un lado..., repite el movimiento más lentamente rebotando en las rodillas, extiende una mano, tiene aspecto serio). *Estoy aquí para apoyar.* (Extiende la otra mano). *Y yo también necesito tu apoyo.*

(Es muy bueno cuando el cliente empieza a improvisar sus propios movimientos. Está encontrando la conexión con su poder creativo).

Steve: *Bien.*

Olivia: *¿Es lo suficientemente feroz?* (Se inclina como un espadachín japonés, sonríe y se ríe).

Steve: *Lo he sentido. Realmente has captado mi atención. Estaba escuchando y he sentido:*

«¡Vaya, sííí!».

Olivia: *Es interesante, Stephen, porque pensé que en ciertas situaciones soy bastante feroz. Pero ahora, de lo que soy consciente es de que no, no es fiereza. Es debilidad, solo que se expresa como fiereza* (agita los brazos, hace un movimiento decidido con la mano).

Steve: *Te oigo. T.S. Eliot lo llamó «la impotencia de la rabia».*

Olivia: *Probablemente la gente piensa que es fiereza, pero emocionalmente es diferente.*

Steve: *Es la diferencia entre lo que llamaríamos una versión CRASH de la fiereza, que es culpar destructivamente a la gente, pero es bastante inútil... y la fiereza positiva, que es: «Mírame. Cuida de mí. Dame apoyo». Esto es lo que llamamos la versión COACH.* (Olivia asiente y respira profundamente).

Impresionante. ¿Te parece bien si paramos aquí? Has hecho un trabajo maravilloso.

Olivia: *Sí, es un buen lugar para parar. Muchas gracias.*

Proyecta tu intención positiva
lanzando un bola de energía

Añade ternura, fiereza, o juego
con un modelo somático

Resumen

No significa nada, si no tiene ese swing.

—Duke Ellington

Aquí estoy en mi camino medio, habiendo perdido totalmente mi camino.

—Dante

Entre el deseo y el espasmo, cae la Sombra.

—T.S. Eliot

Permite que tu espíritu creativo toque el
mundo con una intención positiva.

Nuestros clientes no carecen de inteligencia, motivación o recursos. Acuden a nosotros porque, en el transcurso de la vida, han quedado entrampados en el *samsara* de la desconexión. Nuestro trabajo es ayudarles a conectar con lo que Bateson llamó «el entramado de la totalidad». La ciencia cognitiva contemporánea entiende el pensamiento no solo como un pensamiento verbal en la cabeza, sino como ideas que están *encarnadas, ensambladas, expresadas y actuadas*. En este capítulo hemos visto que la intención generativa debe conectarse positivamente con cada una de ellas. ¡Que el ego regrese a la interconexión de la totalidad de la vida!

Anoche cuando dormía
soñé, ¡bendita ilusión!,
que una fontana fluía
dentro de mi corazón.
Di: ¿por qué acequia escondida,
agua, vienes hasta mí,
manantial de nuestra vida
de donde nunca bebí?

—Antonio Machado

Capítulo 4

Tercer paso.
Establecer un estado generativo

Convertir nuestros sueños en realidad es un reto difícil, por lo que debemos saber cómo desarrollar un estado COACH sostenible. Este estado de «alto rendimiento» tiene cualidades generales que se organizan de forma diferente según el contexto. Tu mejor estado para negociar un contrato de negocios es de esperar que sea diferente de tu estado óptimo para disfrutar de una noche romántica con tu pareja. También es de esperar que tu estado para estar con niños pequeños sea diferente del que tienes cuando practicas artes marciales. (Por eso, tradicionalmente, los guerreros que habían estado en la batalla tenían que pasar por un largo proceso ritual antes de reincorporarse a la comunidad).

En CG volumen 1, exploramos las *tres conexiones positivas* como método prototípico para desarrollar este estado de rendimiento generativo.

1. Centro somático

2. Intención positiva

3. Recursos

Aquí queremos añadir dos métodos adicionales. El primero son las *energías arquetípicas —ternura, fiereza y juego—* que empezamos a explorar en el capítulo anterior. El segundo es lo que llamamos la *comunidad de recursos*, en la que identificas y haces uso del equipo de apoyo necesario para respaldar mejor tu viaje creativo. Estamos muy de acuerdo con el «crítico interno» que te dice:

No eres suficiente.

Y, a continuación, añadimos:

Porque solo eres tan bueno como lo sea tu equipo de apoyo.

Técnica 1: Las tres energías arquetípicas: ternura, fiereza y juego

En el capítulo anterior vimos que el campo cuántico del inconsciente creativo contiene la narrativa colectiva de la historia de la humanidad (y más allá). A partir de innumerables experiencias de respuesta a los desafíos universales de la vida, se constelan *profundas estructuras arquetípicas* que se activan en la persona cuando se requieren nuevas respuestas creativas. *Son los recursos básicos necesarios para el desarrollo creativo.* Cada arquetipo contiene diez mil caras posibles; la forma y el valor puntuales que asume el arquetipo dependen de la relación humana con dicha forma y valor. Cuando los patrones arquetípicos se mueven a través de los filtros COACH, se convierten en recursos positivos; cuando quedan atrapados en estados CRASH, aparecen como formas negativas.

Aquí nos centraremos en cómo usar modelos somáticos de las formas positivas de la ternura, la fiereza y el juego. En el quinto paso nos centraremos en las emociones «negativas» como versiones CRASH de recursos arquetípicos que pueden transformarse en recursos positivos esenciales.

Para captar cómo se pueden utilizar las energías arquetípicas positivas, ahora exploraremos una sesión de cuatro pasos con un cliente latinoamericano llamado Dan. Es un hombre maravilloso que realiza programas de desarrollo personal y profesional, y también es un músico y poeta excepcional.

Primer paso: Abrir el campo COACH.

Dan y yo estamos de pie. Conectamos, intercambiamos saludos y luego le sugiero que empecemos abriendo un espacio positivo. Hago algunas sugerencias generales y luego le pregunto si hay algo que quiera añadir. Dan tiene experiencia en el desarrollo del campo COACH, así que nos guía a ambos a través de varios minutos de movimientos respiratorios somáticos. Cuando lleva sus manos hacia el centro del vientre, lo percibo como una señal para iniciar el siguiente paso.

Segundo paso: Establecer una Intención Positiva.

Lo acompaño para que permanezca conectado con su centro y le pido que establezca una intención (u objetivo) positiva para la sesión. Le lleva unos 5 minutos de conversación expresar lo que en el segundo paso identificamos como una intención «bien formada»:

Quiero crear un programa de certificación para coaches de un año de duración.

Mientras dice esto, le comento que veo aparecer tensión en sus hombros. Se ríe y dice que le resulta difícil hablar con atrevimiento de sus sueños. Lo comprendo amablemente y, como el CRASH parece bastante intenso, le sugiero que hagamos una pequeña danza y una canción de conexión. Lo hacemos de forma lúdica y parece que eso libera el CRASH.

A continuación comparto una imagen que me ha surgido de él y le doy la bienvenida a un niño tímido situado sobre sus hombros, y le invito a «acompañarnos en el viaje». Esto le conmueve mucho, y parece ser una buena manera de encuadrar la tensión (como un niño que necesita ser incluido).

Cuando le pregunto cuánta importancia tiene el objetivo para él, me dice: *Es muy importante... 9,5.* Ahora estamos preparados para centrarnos en el desarrollo del estado COACH que más contribuirá a que tenga éxito en su camino creativo.

Tercer paso: Desarrollar el estado generativo (con modelos somáticos de ternura, fiereza positiva y juego).

En este paso estamos sintonizando con cada energía arquetípica: la ternura, la fiereza positiva y el juego. Al cliente se le invita a desarrollar tres modelos somáticos diferentes para cada energía. Tener un solo mapa de algo es la receta perfecta para la rigidez, así que queremos que los clientes sientan y se muevan de forma creativa a través de muchos mapas. Este movimiento les mantiene en una apertura creativa y les permite aprender qué modelo es más útil en un momento determinado.

A. Modelos Somáticos de Ternura.

Pregunté a Dan cuál de las tres energías creía que sería más útil para empezar.

Dan: *Bueno, antes, cuando hablaste de la ternura, algo resonó profundamente dentro de mí: ser tierno conmigo mismo, porque soy muy tierno con los demás, pero no estoy seguro de ser lo suficientemente tierno conmigo mismo.*

Lo invito a relajarse y a permitir que su cuerpo comience a moverse para encontrar un primer modelo somático de ternura. Él llega a un modelo somático de la parte superior de su cuerpo, con los brazos moviéndose lentamente.

(En este proceso vamos encontrando modelos somáticos, solicitando a los clientes que se relajen y permitan que sus cuerpos los creen. Otra forma es hacer que el cliente identifique una energía arquetípica representativa, y después «entrar» en el modelo somático de ese individuo. En ambos métodos, se acompaña a la persona para que se relaje y deje que las respuestas surjan de su interior, sin fuerza ni esfuerzo consciente. «Solo dejar que suceda» es crucial para activar la conciencia creativa).

A continuación, modelo jugar a ser un niño pequeño y le digo: *Eso es maravilloso. Vamos a repetirlo de nuevo*, invitándolo a encontrar un segundo modelo somático de ternura. Dan expresa un modelo somático de acunar a un bebé. Yo imito el movimiento y empiezo a tararear y cantar una canción de cuna. Esto parece profundizar el proceso, ya que Dan hace el gesto de acariciar la cabeza del bebé.

Le pido que vuelva a su intención de crear el nuevo programa de formación, que sienta cualquier respuesta CRASH y responda «acunando el CRASH», diciéndole suavemente: *Ven con papá*. Dan comparte que eso hace que se dé cuenta de que el primero en recibir la ternura siempre tenía que ser él mismo, y siente que el pequeño bebé «Dan» es parte de su proceso creativo.

Le pido que vuelva al centro, que tome nota de ese modelo somático y de sus enseñanzas, y que después encuentre un tercer modelo somático de ternura. Parece estar un poco arriba, en su cabeza, así que lo animo a entrar un poco más profundo y a permitir que su sabiduría somática le sorprenda. Sus movimientos exploratorios empiezan a convertirse en una especie de danza lenta, un «hula hawaiano» que elaboramos un poco:

Dan: *Ha sido interesante. En primer lugar, cuando llegó este movimiento (ida y vuelta), es como si estuviera meciendo una cuna de madera, pero luego me convertí en el mar, siendo solo olas que llegaban a la arena y volvían al mar.*

Steve: *Sí. Impresionante.*

Dan: *Simplemente acariciando la arena con las manos* (extiende las manos, con las palmas hacia abajo).

Steve: *Sí, he tenido la sensación desde aquí de que ese movimiento te ha ayudado a conectarte más con los demás; no sé si es cierto.*

Dan: (Asiente con la cabeza). *Sí.* (Repite el movimiento). *Sí. Este movimiento me encanta, especialmente el de ser el mar y acariciar la arena.*

Steve: *Sí. Me recuerda al baile hawaiano hula* (sonrisas, ambos sonríen de oreja a oreja e intentan hacer un baile al estilo hawaiano, risas). *Así que fíjate: Estas son tres de las diez mil posibilidades. Cuando dices: «De acuerdo, necesito traer ternura», no sabes exactamente cómo va a ser eso.* (Dan asiente). *Pero, explorando, pronto puedes descubrir como si fuese algo así* (vaivén)... *o tal vez algo así* (acunar)... *o tal vez como el hula hawaiano acariciando la arena.* (Ambos hacen el movimiento de acariciar, suave y juguetonamente).

Ternura

Este es un ejemplo de cómo puede desarrollarse un modelo somático. Lo mejor es que surja espontáneamente desde la consciencia somática. De modo que acompañas al cliente en el *ritmo, resonancia y repetición* necesarios para permitir que surjan nuevas respuestas desde dentro. También es bueno tener múltiples modelos para que la persona vaya aprendiendo a no utilizar una postura fija, sino a descubrir el mejor modelo para una situación dada. La capacidad de permitir que tu estado de actuación cambie con fluidez, en respuesta a patrones particulares del momento presente, es la marca de un campeón.

B. Modelos somáticos de fiereza positiva.

A continuación se usa un proceso similar para desarrollar modelos somáticos de las dos energías arquetípicas restantes. Como Dan se sentía un poco alejado de su propia fiereza positiva, le sugerí que empezara por identificar un ejemplo de fiereza positiva en el mundo exterior y que luego entrara en ese referente. Comentó que tenía dos imágenes: una de Gandhi (con la mano derecha extendida, firme pero centrada), la otra de una enorme cascada en Brasil (levanta

las manos por encima de su cabeza y hace el movimiento de una cascada).

Steve: *Vaya, siento esas dos. Así que permítete centrarte y apreciar esto: para traer realmente este sueño al mundo, necesito conectar con la fiereza positiva. Permítete encontrar tu estado COACH..., establece la intención... y entra en un modelo somático de fiereza positiva. Puede ser la cascada, puede ser Gandhi, puede ser...*

Dan: (Comienza a moverse con el modelo somático de una cascada). *También viene con un sonido.*

Steve: *Sí, sí. Genial.* (Dan repite el movimiento). *Asegúrate de que el sonido esté en tu vientre.* (Dan repite el movimiento). *Deja caer las caderas, Dan. Suelta los hombros. Sé la cascada. Deja caer las caderas.* (Repite unas cuantas veces). *Deja que el fuego, la fiereza baje.* (Dan se mueve desde las caderas, sus brazos se extienden desde sus caderas. Algo cambia, aparece una energía más profunda, más terrenal).

¡Ya está! ¡Eso es! Lo que sea que estés tocando ahí, eso es.

Dan: (Extiende los brazos por encima de la cabeza). *Es interesante: cuando dejo caer las caderas, el mundo se convierte en fuego. Un fuego maravilloso. ¡Fuego! Es como un volcán.*

Nótese que cuando Dan baja un poco más su centro, surge espontáneamente un tercer modelo somático de fiereza positiva que es como un volcán. Hay un dicho en las culturas tradicionales: *un niño se convierte en hombre, y una niña en mujer, cuando sus caderas caen.* La mayoría de los modernos vivimos «arriba, en nuestra cabeza» con un bloqueo neuromuscular, desconectados de las energías arquetípicas más profundas que viven «abajo». Al acompañar a la persona a que deje caer su centro y sus caderas, con frecuencia verás y sentirás este poderoso cambio hacia una presencia adulta madura (y ancestral).

Así que ahora Dan tiene tres modelos somáticos de *fiereza* positiva: Gandhi, la cascada y el volcán. *Se necesitan múltiples mapas para un estado generativo.* En esta sesión exploramos el «fuego en el vientre» como un recurso positivo en su viaje. Habló de su familia violenta y abusiva, en la que solo aprendió «formas descentradas» de fiereza. Al final de la sesión, dijo que uno de sus aprendizajes más importantes fue que necesitaba desarrollar una *fiereza* positiva.

Fiereza positiva

C. Modelos somáticos de juego.

Por supuesto, la fiereza no es suficiente. También necesitamos el juego. Tenemos que disfrutar de la vida, tranquilizar a las personas, no caer en una seriedad que nos haga rígidos. Curiosamente, una de las principales consecuencias del trauma es la pérdida del juego. Necesitamos conectar con él para ser generativos.

Dan es un tipo bastante juguetón, así que me imaginé que el reto interesante sería integrar ese carácter juguetón en su fiereza. Volvimos al estado COACH, y entonces exploramos el juego:

Steve: *Y luego tenemos, por supuesto, nuestra tercera energía universal del juego* (abre las manos, sus ojos brillan, el cuerpo baila sutilmente), *que ya te sale bastante bien.* (Dan se ríe, asiente y sonríe). *Así que pidamos a los espíritus creativos que nos ayuden a encontrar los muchos modelos somáticos del juego…* (Steve y Dan empiezan a encontrar un movimiento de baile tipo salsa, con movimientos y sonidos). *De acuerdo, hermano Dan, muéstrame un modelo somático del juego…*

Dan: (Comienza a mover las caderas hacia los lados, e inicia un rápido baile tipo tango argentino..)..

Steve: *Ahí lo tienes, hermano... ¡Olé! ¡Olé! ¡Olé! Y mientras te conviertes en ese baile juguetón... siente qué es lo que quieres traer al mundo. El maestro en el que quieres convertirte..., los programas que quieres desarrollar... y deja que los modelos somáticos del juego se unan a ese proceso como grandes, grandes recursos. ¡Olé! ¡Olé! Olé!*

Y llevemos la energía un poco más abajo..., encontrando el centro... y ahora encontremos modelos somáticos adicionales para el juego. Sintiendo el ritmo..., el pulso... Permítete comenzar un proceso de declarar tu sueño, y luego añade un movimiento somático de juego... (Steve muestra el proceso). *Quiero crear este programa de certificación...* (habla y se mueve como un «pavo real» joven)... *y un modelo de juego que puedo aportar es este* (hace un gran movimiento somático)...

El ritmo musical y los movimientos de baile continúan en la conexión, mientras Dan muestra un movimiento (saltando arriba y abajo como un niño), y luego otro (dando un paso adelante y jugando a hacer cosquillas a Steve), y luego un tercero (aullando como un lobo). Se le ve y se le siente muy bien.

Energía juguetona

Cuarto paso: Utilizar creativamente los recursos arquetípicos.

Una vez que hemos creado los modelos somáticos positivos, la cuestión es cómo utilizarlos productivamente.

Steve: *Sí. Y ahora, volvamos al centro.* (Steve y Dan hacen esto simultáneamente). *Como primer paso, vuelve a esa quietud, a un punto de calma..., una presencia abierta..., clara..., tranquila... Encuentra tu estado COACH, más profundo que la actuación..., más profundo que cualquier cosa...*

Y luego añade el segundo paso: Estoy aquí... y desde aquí, conecto cada día con mi intención..., sintiendo el compromiso de vivir cada día el camino de esta intención... y encontrar modelos somáticos para ello.

Y ahora el tercer paso es conectar con los recursos. Encuentra las conexiones con la ternura, la fiereza y el juego. Comienza con la ternura..., siempre comenzando con la ternura hacia ti mismo..., moviéndote a través de múltiples modelos somáticos de ternura hasta encontrar los mejores para tu desafío actual. (Dan empieza con el movimiento del océano, luego a abrazarse a sí mismo, luego a «acunar al niño»).

Y ahora incluye la fiereza positiva. Encuentra y siente esos modelos somáticos: Gandhi..., la cascada..., el fuego volcánico. (Dan pasa al modelo del «fuego volcánico»)... *Viviendo la verdad: no soy solo un niño dulce y bonito... Tómame en serio...* (Dan continúa repitiendo el movimiento del fuego). *Deja que la fiereza se convierta en parte de tu ser más profundo.* (Mientras esto se va elaborando, Dan adquiere una postura de guerrero, con ambas manos y brazos extendidos con fiereza hacia el mundo). *Todos los abusones..., todas las personas que han abusado de ti..., todas las personas que te faltan al respeto e intentan utilizarte..., enfréntate a ellas con tu postura guerrera positiva. No más, amigo. No más... Respétame..., respétame..., respétame.*

Y ahora el juego. A veces, esos retos son taaaan serios, que es fácil estreñirse. Recuerda el gran brindis irlandés: «No dejes que los bastardos te desanimen». En su lugar, vas encontrando esas conexiones profundas con la fiereza y la ternura del juego... (Dan comienza un movimiento similar al del tango). *Imaginando los obstáculos, bailando como un guerrero de espíritu libre...* (El baile de Dan se convierte en un arte marcial: taichí). *Eso es... Moviendo..., bailando..., jugando... Nunca bloqueando, nunca paralizándote, nunca abandonando el cuerpo y la danza...* (Ahora Dan está improvisando muchos movimientos de juego con fiereza y apertura). *Cada vez que sientas que la situación está demasiado tensa..., demasiado estreñida...* (Ambos ríen). *Escucha la música, y juega... Juega con ternura..., juega con fiereza... Juega en serio con pasión, verdad y alma... Juega.* (Steve guarda silencio mientras Dan sigue improvisando su danza creativa).

Y luego, cuando estés listo, volvamos al centro... (respiración, movimientos somáticos de vuelta al estado COACH)... (Steve habla ahora muy amablemente). *Y permítete bailar ese hermoso proceso..., estado COACH..., intención positiva..., energías ancestrales..., entrando en acción. Permítete sentir ese ritmo, esa secuencia, esa profunda danza creativa. Comprométete a practicar cada día, sabiendo que el principio de impermanencia significa que tenemos que crearlo de nuevo cada día, de muchas maneras. De modo que siente lo que has hecho, cuáles son tus compromisos, cuáles son tus aprendizajes para realizar tus sueños. Y cuando estés preparado, toma una respiración profunda y vuelve aquí.*

En la conversación posterior, Dan señaló que su dificultad contra la fiereza cambió radicalmente cuando dejó caer su centro y encontró «el fuego». (Insistimos de nuevo en que, mientras vivas en la cabeza, tendrás miedo y estarás desconectado del fuego positivo de tu alma). Se sorprendió de que el juego fuera tal vez la incorporación más importante, aliviando el estado «de estreñimiento CRASH». (Recuerda que el recurso necesario que aporta el juego queda adormecido por el trauma). Vio que ser tan rígidamente serio era un gran obstáculo.

Como hago con todos los clientes, dijimos que esto era solo el principio, y que cualquier cambio sostenible requiere un trabajo importante después de la sesión. En el Coaching Generativo, esta conversación abre la puerta al sexto paso, el comprometerse con las prácticas y las tareas.

Esperamos que todo lo anterior demuestre lo cruciales que son estos recursos universales de la ternura, la fiereza positiva y el juego para una vida positiva. Cuanto más creativa sea la vida que queremos tener, mayores serán los obstáculos que encontraremos, y necesitaremos un estado de actuación positiva más resiliente. Las energías arquetípicas son elementos cruciales de una respuesta creativa, por lo que es bueno utilizarlas como una especie de lista de comprobación rápida de lo que puede ser necesario en un momento dado. En otras palabras, utilizamos los niveles de autocalificación de cada energía —cuánta ternura, cuánta fiereza, cuánto juego— para descubrir en qué estamos «bajos».

La falta de una energía arquetípica podría ser simplemente un aprendizaje limitado; por ejemplo: *cuando hablo profesionalmente, solo puedo ser serio.* A menudo, esto ocurre en función del estrés; como compartió Dan, estaba tan estresado que se olvidó de su carácter juguetón. O, como veremos en el quinto paso, es posible que una persona solo tenga versiones CRASH de una energía arquetípica. Por ejemplo, puede conocer la ternura solo como debilidad, codependencia o sentimentalismo enfermizo; o la fiereza como rabia, crítica implacable o transgresión de límites; o el juego como cinismo, tonterías ansiosas o incapacidad de tomar nada en serio. Dado que las energías arquetípicas tienen la misma capacidad de ser positivas o negativas dependiendo de cómo se las considere humanamente, es posible que nos encontremos con formas muy negativas de, por ejemplo, la fiereza, y que asumamos el compromiso de mantenernos lo más alejados posible de ella. Esto te disocia tanto de tu yo como de los recursos necesarios para una vida creativa. Por eso muchas personas describen el aprendizaje de cómo conectar positivamente con cada una de estas energías como una de las partes más útiles de su experiencia con el Coaching Generativo.

Usar las energías arquetípicas para establecer un estado generativo

Técnica 2: Comunidad de recursos

Como cantaban los Beatles: *Seguimos adelante con un poco de ayuda de nuestros amigos.* Ninguno de nosotros puede afrontar un reto creativo estando aislado: fracasaremos si estamos desconectados de nuestra comunidad. Así que, para entrenar la creatividad, es crucial conectar a los clientes con muchos de los recursos positivos que les ofrecen parentesco, bendiciones y apoyo. Los budistas llaman a esto su *sangha*,[1] o comunidad de practicantes. Carl G. Jung lo llamó tu comunidad de santos, en un sentido mitológico, no religioso. Nosotros lo llamamos nuestra comunidad de recursos. *Un «recurso» es cualquier cosa que te ayude a conectar con tu fuente creativa.* Pueden ser personas, lugares, cosas; pueden ser personas vivas o no, figuras históricas, antepasados, seres mitológicos o espirituales. Pueden ser lugares de la naturaleza, objetos simbólicos u obras de arte.

Necesitamos todo tipo de conexiones experienciales para recorrer un camino creativo. Necesitamos seguridad, ánimo, juego, confianza, valentía, modelos positivos, guías, por nombrar algunos. Los recursos son las presencias en el mundo que nos conectan con estas experiencias cruciales.

En mi consulta profesional es fácil saber quiénes forman parte de mi comunidad de recursos. Verás grandes láminas colgadas en la pared de Milton Erickson, Carl G. Jung, Morihei Ueshiba (el fundador del aikido), el Buddha de la medicina (sanación) y mi difunto gran «gurú de los gurúes», Lucky (nuestro *golden retriever* familiar). Tengo la consulta en mi casa, y es una especie de refugio para mí, un lugar donde reencontrarme y descubrir mi camino en medio de alguna dificultad. Recuerdo que en muchas ocasiones me he recostado en el sofá y me he abierto a largas conversaciones con estos seres extraordinarios. No recuerdo ninguna que no haya sido realmente útil.

Creemos que cada persona necesita conectarse con su comunidad de recursos. Ayudar a los clientes a hacer esto es una muy buena manera de lograr el tercer paso del CG: crear un estado COACH generativo. La ilustración muestra una versión del método en seis pasos con el que se puede lograr. Exploremos esto a través de un ejemplo.

---

1. En esa tradición, las tres conexiones positivas son Buda (centro), dharma (intención positiva) y sangha (campo de recursos).

Pasos para crear la comunidad de recursos.

1. Abrir el campo COACH.
2. Identificar la intención positiva y la estructura de la línea de tiempo.
3. Desarrollar la comunidad de recursos.
   a. Identificar varios recursos.
   b. Organizarlos en un campo espacial alrededor del yo.
   c. Conectar con cada miembro del equipo creativo para formar un yo generativo.
4. Explorar los pasos de acción en la línea de tiempo.
5. Usar la comunidad de recursos para transformar los obstáculos.
6. Comprometerse a llevar los cambios a la vida real.

Steve y su comunidad de recursos

Dana era ingeniera informática en una empresa mediana de desarrollo de software. Le encantaba su trabajo, excepto las presentaciones mensuales que tenía que hacer al equipo técnico. Estaba segura de que «todo el mundo» pensaba que sus conferencias eran tan «aburridas, insulsas y tontas» que odiaban tener que asistir a ellas. Dana tenía el síndrome de Asperger, en el que se escudaba para explicar su torpeza social, pero también tenía un sentido del humor bastante peculiar. Su objetivo era preciso y claro: quería hacer un trabajo mejor en sus presentaciones, y quizás incluso disfrutar haciéndolas. Me pareció un buen lugar para encontrar una comunidad de recursos.

Pasos 1 y 2: Abrir el campo coach - Identificar una intención positiva.

En la conversación inicial, Dana tenía muy clara su intención de mejorar su rendimiento y su experiencia en las presentaciones. Pero le resultaba extremadamente difícil desarrollar cualquier tipo de estado COACH. Su cuerpo estaba bloqueado por una tensión crónica y su mente verbal la dominaba, insistiendo en que solo necesitaba saber qué hacer. Mis intentos, tanto verbales como no verbales, de ayudarla a entrar en un campo COACH parecían ponerla más ansiosa.

Queremos señalar lo común que es esto. Sesenta años de investigación demuestran que cualquier método funciona solo un sesenta por ciento de las veces. Con ese otro cuarenta por ciento de clientes con los que la técnica básica no funciona, los profesionales de alto rendimiento son capaces de tener éxito mediante improvisaciones basadas en la retroalimentación (véase Miller et al., 2013). A medida que nos adentramos en los aspectos más avanzados del Coaching Generativo, es crucial saber esto.

La conversación se situó definitivamente en ese espacio donde «todas las técnicas básicas fallan». El adagio parecía adecuado: *Cuando te encuentres en un agujero, deja de cavar.* Era hora de reagruparse en un estado COACH y rezar para que apareciera un plan B. Parecía claro que conectar a través de la mente verbal «por arriba» no estaba funcionando, así que ir «por abajo» a través del canal somático parecía una buena alternativa. Al sintonizar con nuestros centros somáticos, sentí curiosidad por saber qué podría tocar directamente a su mente no verbal.

¿La comida? No. La comida representaba solo el mantenimiento biológico. ¿La música? No. Los ruidos fuertes la abrumaban. ¿Amigos? No, no tengo amigos. Sumergiéndome más profundamente en el estado COACH, pedí a mi mente creativa que dejara que algo, cualquier cosa, viniera a mi mente. *Apareció una ima-*

gen de ella cuidando de las plantas. (¡Gracias!). La compartí con ella y algo cambió: afirmó tímidamente su amor por la jardinería. (Tenía un jardín en el balcón de su apartamento). *Aquí había un portal a su estado COACH.*

No fue de extrañar que la conversación lo hiciera desaparecer. Necesitábamos una base somática diferente. Invocando las energías ancestrales —ternura, fiereza positiva y juego,— le pregunté si hablaba con sus plantas cuando cultivaba el jardín. La habitación se iluminó: *Sí, lo hago.* ¿Las plantas te responden? *Sí, por supuesto.*

Esto iluminó un pasillo hacia su «jardín secreto» del estado COACH. Sugerí suavemente que bajáramos al suelo para que pudiera describirme más directamente su experiencia de jardinería. Volvió a aparecer esa mirada tímida pero vulnerable, y entonces ambos nos sentamos en el suelo, imaginando que estábamos sentados en su jardín.

Le pedí que me presentara las distintas plantas y flores, lo que hizo con mucho gusto. (Nunca lo había hecho con otra persona. Era «hija única» y describía a su madre como una contable depresiva y a su padre como un ingeniero emocionalmente distante. No tenía recuerdos de juegos, risas o afecto en su familia). Hablamos de cómo cuidaba de las plantas y de qué tipo de conversaciones mantenían. Al hacerlo, su estado COACH salió a relucir.

Le reflejé que había cambiado de estado. Asintió con la cabeza, pero dijo que le resultaba difícil hablar de ello. Volviendo a su objetivo de convertirse en una oradora mejor, le sugerí que necesitaba algún tipo de apoyo creativo, señalando con una suave sonrisa que claramente su «yo ingeniero super razonable» no podía hacer el trabajo por sí mismo. Parecía intrigada, pero luego se puso nerviosa, volviendo nuevamente a su mente verbal del estado CRASH. La interrumpí suavemente, sugiriendo que tal vez este era el tipo de conversación que podría tener con sus «amigos» del jardín.

Tercer paso: Desarrollar una «comunidad de recursos».

Definitivamente, ahora estábamos trabajando «en el filo creativo», donde se necesita una cuidadosa atención a la resonancia no verbal para mantenerse conectado a una conversación generativa. Compartiendo el espacio del «jardín secreto» con Dana, la guié para que sintiera sus manos en el barro, estableciendo una conexión con la tierra y las plantas con todo su ser. (Se trata de movimientos somáticos reales que realizan tanto el *coach* como la cliente). Y entonces le sugerí que le preguntara al jardín:

¿Qué tipo de recursos creativos pueden ayudarme a hacer una buena presentación?

Le sugerí que al hacer la pregunta, simplemente continuara trabajando en el jardín (en su imaginación), disfrutando de la tierra, del olor y de los colores de sus conversaciones. Y dentro de esas experiencias, que dejara que surgieran las imágenes.

Así lo hizo, y de repente puso cara de intriga y desconcierto, seguida de una carcajada. Le vinieron a la mente dos imágenes: el perro Toto (del Mago de Oz) y un «bufón de la corte» apoyado en la pared con una sonrisa caprichosa. *¡Bienvenido!*

Se quedó asombrada con estas imágenes. En primer lugar, con el hecho de cerrar los ojos y que aparecieran un perro y un payaso. (Tiene que haber algún chiste aquí: una ingeniera, un perro y un payaso entran en un bar..).. En segundo lugar, fue su imaginación la que produjo estos recursos... *¡La suya!* Había trabajado durante toda su vida bajo la nube de la oscura creencia de que no tenía imaginación, pero aquí estaba: tenía una mente creativa.

El siguiente reto era incorporar estas figuras a su equipo creativo. Invité a Dana a

percibir las ubicaciones espaciales de cada recurso. (La preferencia general es que se sitúen a los lados del cliente para mantener la conexión mientras pasan a la acción). Todavía estábamos arrodillados en el suelo y ella señaló que el perro estaba cerca de su lado izquierdo y el bufón se apoyaba caprichosamente en la pared del jardín a su derecha. Le pedí que se sintiera primero a sí misma, que luego se moviera y se convirtiera en el perro, y que finalmente se desplazara hacia el modelo somático del bufón.

Yo le mostraba el modelo de cada conexión y luego la invitaba a probarlo. Como amante de los perros, me resultaba fácil convertirme en Toto, ladrando y jadeando con deleite, y luego en el bufón desconcertado y travieso. Este modelado por parte del *coach* suele ser muy útil, ya que abre energéticamente el espacio para el cliente, a la vez que proporciona al coach «información privilegiada».

Me impresionó ver lo dispuesta y capaz que era Dana de hacer estas experiencias de identificación. Definitivamente tímida, pero como un niño en el circo o en una feria. Parecía especialmente emocionada al ladrar como un perro y «acurrucarse».

Pasos 4 y 5: Planes de acción y obstáculos.

Ahora era el momento de ensayar cómo esta «banda de tres» podía colaborar en una gran puesta en escena. Nos pusimos de pie y trazamos una línea de tiempo que culminaría con una gran presentación dentro de tres semanas. Los miembros del equipo creativo estaban listos para la acción: Dana en el centro,

Toto a su izquierda, y el bufón apoyado en la pared.

Pedí a Dana que se focalizara en el objetivo y que sintiera cuál era su mejor estrategia para conseguirlo. Como era de esperar, se mostraba tensa y «en la cabeza». A continuación, le indiqué que se agachara hasta la posición de Toto, desde donde el perro podía sentir la presencia de Dana y ofrecerle cualquier apoyo. Me uní a ella en el suelo como Toto, ladrando y acariciando a (la imaginada) Dana con una amorosa conexión «mamífera». Esta interrupción del patrón fue muy agradable para Dana, y nos reímos pasando de su hiperseriedad a la alegría cariñosa de Toto.

Una apertura igualmente profunda ocurrió cuando Dana pasó de su modo de ingeniera seria al estado relajado y cómico del bufón. Fue un hermoso despertar de un estado generativo de ternura, fiereza positiva y juego. Se podía sentir que cada vez que estas energías se integraban, nacía un yo generativo.

El equipo recorrió lentamente la línea de tiempo, desplegando en su imaginación un camino para alcanzar la meta. Al llegar al estado de la meta, levantó a Toto en brazos y lo alzó en un gesto de celebración. Le pedí que se tomara unos momentos para que su «comunidad de mentes» de Dana/Toto/bufón «memorizara» esa experiencia y se comprometiera a llevarla al mundo.

Pasos 5 y 6: Transformar los obstáculos y trabajo posterior a la sesión.

Nos reunimos para hacer una sesión más. Repasamos las conexiones experienciales de su «comunidad de recursos» y ensayamos más a fondo cómo podría activarlos durante su charla.

A la semana siguiente volvió muy contenta. ¡Ha funcionado! De camino a la presentación, su antigua ansiedad empezó a aflorar, pero también lo hizo el afecto irreprimible de Toto ladrando y acariciándola con el hocico. Cuando levantó la vista, vio los ojos brillantes del bufón. Los tres trabajaron para hacer una presentación excepcional. Al acabar, la gente se quedó para seguir hablando y compartir su gratitud. Todos se lo pasaron bien.

Hablamos de esto como el comienzo de un largo capítulo siguiente en su vida. Mencioné que los viejos estados CRASH nunca se borran, solo se sustituyen por alternativas mejores. Y que utilizamos el sufrimiento de los viejos patrones CRASH y la alegría de los nuevos patrones COACH como formas idénticas para avanzar en nuestro crecimiento y desarrollo. Sugerí que Toto y el bufón tuvieran la última palabra en la conversación, lo que fue un placer para todos.

Resumen

El ego aislado no está a la altura de los grandes retos de la vida. Hazte amigo de la voz que te dice *que no eres suficiente*. Deja que te recuerde que solo puedes triunfar en conexión con los recursos. *Salimos adelante con un poco de ayuda de nuestros amigos*.

En este capítulo hemos explorado cómo la sabiduría de nuestros ancestros nos trae las energías arquetípicas de la *ternura, la fiereza positiva y el juego*. En un estado CRASH, se convierten en las energías negativas que nos persiguen y atacan; en un estado COACH, son recursos fundamentales para una vida creativa.

También hemos explorado lo que significa desarrollar y hacer un uso práctico de la «comunidad de recursos» necesaria para una creatividad sostenible. La plenitud creativa tiene muchas dimensiones —coraje, centramiento, confianza y así sucesivamente— y tenemos que encontrar a los seres y lugares del mundo que nos ayuden a desarrollar una conexión profunda y sostenida con estas dimensiones. Son nuestra comunidad de recursos.

Unir estas dos dimensiones centrales a las *tres conexiones positivas* (centro, intención, recursos) que establecimos como método prototípico es importante para este tercer paso del Coaching Generativo. ¡Que tengas mucho éxito y diversión al integrarlas en tu conjunto de habilidades!

Empieza cerca

Empieza ahora mismo,
da un pequeño paso
que puedas llamar tuyo,
no te dejes llevar
por las hazañas de otros,
sé humilde
y centrado,
empieza cerca,
no confundas
lo ajeno
con lo tuyo.
Empieza cerca,
no des el segundo paso
ni el tercero,
comienza por la primera
cosa
cercana,
por el paso
que no quieres dar.

—David Whyte

Capítulo 5

Cuarto paso.
Pasar a la acción

Ahora llegamos al paso más importante: *¿cómo traduces tu sueño en una realidad sostenible?* Empezamos por darnos cuenta de que, por muy increíble que haya sido la sesión de *coaching,* aún no ha cambiado nada realmente. El trabajo de la sesión abre *posibilidades, la verdadera* realidad ocurre después de la sesión. El éxito del *coaching* se produce en la frontera entre la activación del potencial interno y la acción externa comprometida y basada en la retroalimentación.

Para crear resultados sostenibles, es importante moverse entre una intención positiva, profunda y apasionada (por ejemplo, *crearé este nuevo resultado*) y una serie de «peldaños» basados en lo sensorial que llevan a que la intención ocurra. Cada uno se complementa con el siguiente hasta forjar un resultado creativo. En CG volumen 1, abordamos tres métodos principales: (1) los *storyboards* o *guiones gráficos,* que crean una representación visual de la estructura narrativa de un proceso; (2) las *líneas de tiempo,* que establecen una serie de pasos específicos que han de ser realizados en el espacio y en el tiempo; y (3) «las listas» de tareas y los diarios de compromisos, acciones, resultados y revisiones para cada jornada.

Su éxito depende de un *flujo disciplinado*: la disciplina para crear un plan eficaz y el flujo para desplegarlo de forma continuada y sensible a la retroalimentación. Hay un viejo dicho en el deporte: *El plan de juego solo funciona hasta que empieza el partido.* Por muy preparados que estemos, la realidad nunca se desarrolla como la habíamos imaginado. Otro dicho de las artes marciales: *No tengas expectativas, estate listo para cualquier cosa.* Así que la planificación y la preparación son cruciales, pero también lo es nuestra capacidad generativa de responder de manera creativa a cualquier cosa que aparezca.

No buscamos el «único y verdadero» mapa que se repite a ciegas cada vez, sino una estructura profunda multidimensional que se practica docenas, incluso cientos de veces. El modelo CG en seis pasos es un ejemplo de ello. Es de esperar que, cuanto más practiques, más te darás cuenta de que hay infinitas formas de aplicarlo. Cada sesión ofrece una nueva oportunidad de descubrir una forma diferente de aplicar los seis pasos.

Para entender la naturaleza práctica del *flujo disciplinado,* empecemos con la estructura profunda de una línea de tiempo/guion gráfico.

Primer paso: Abrir un campo COACH.

Segundo paso: Identificar la intención positiva.

Tercer paso: Trazar la línea de tiempo, establecer el punto de partida, desarrollar las tres conexiones positivas (intención, centramiento, modelo somático).

Cuarto paso: Desplazarse lentamente por la línea de tiempo, identificando una secuencia específica de acciones a realizar en cada paso.

Quinto paso: Identificar y transformar obstáculos a lo largo del camino.

Sexto paso: Completar y revisar el recorrido de la línea de tiempo, comprometerse a actuar, hacerlo con múltiples revisiones.

Este es un nivel de mapeo general, del tipo que puedes tener en mente mientras realizas una sesión de *coaching*. Estos pasos deben ser «rellenados» cada vez con aplicaciones más específicas. Por ejemplo, en los dos últimos capítulos nos hemos centrado en las tres energías arquetípicas: la ternura, la fiereza y el juego. Moverse entre estos tres estados creativos puede ser especialmente útil para recorrer una línea de tiempo.

Flujo disciplinado

Primer paso: Abre un campo COACH.

Segundo paso: Identifica la intención positiva.

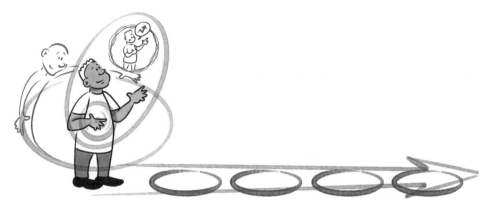

Tercer paso: Establece la línea de tiempo y desarrolla las tres conexiones positivas.

Cuarto paso: Identifica la secuencia de acciones en la línea de tiempo.

Quinto paso: Identifica y transforma los obstáculos a lo largo del camino.

Sexto paso: Completa y revisa el recorrido de la línea de tiempo, comprométete a actuar.

La estrategia Disney: soñador, realista y crítico positivo

Otra tríada de modalidades de creatividad es el modelo que propone Robert de los patrones creativos de Walt Disney:

- **Soñador** - Imaginar lo que es posible.

- **Realista** - Planificar cómo alcanzar los objetivos.

- **Crítico** - Evaluar el plan de acuerdo con los valores clave y examinar los problemas y los eslabones perdidos.

Como ya comentamos en el volumen 1 de CG, el primer modo del *soñador* es la imaginación sin límites. Percibes una posibilidad y dejas que se desarrollen múltiples representaciones de la misma. *¡Vaya, me entusiasma esta idea! Tal vez tendría este aspecto... o tal vez este otro... o tal vez aquel...* Esta curiosidad tan abierta es crucial para desplegar una nueva visión o realidad posible. Es donde comienza el cambio generativo, pero también es crucial cuando la imaginación se ha agotado, o cuando se está en un estado de «no saber». Esto es lo más parecido a un campo COACH: dejas de lado todas las ideas preconcebidas y los mapas, y nadas durante un rato en el océano cuántico de infinitas posibilidades.

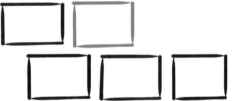

Pero, en algún momento, la atención debe pasar al nivel del *realista,* en el que dices: *de entre las infinitas posibilidades, selecciono ESTA como la forma más prometedora de hacer realidad el sueño.* La atención se reduce a un pensamiento más específico que incluye a personas, lugares, tiempos, secuencias, etc. Es, por supuesto, el complemento del soñador, ambos trabajan mano a mano. El objetivo aquí es desarrollar una especie de modelo prototípico para guiar la implementación eficaz de una visión.

Una vez que se ha desarrollado un prototipo en bruto, adquiere importancia el *crítico positivo*. Mucha gente piensa en el crítico de forma negativa, como alguien que destroza las cosas, piensa que las personas o las ideas son estúpidas, etc. Pero el crítico positivo es alguien que cree apasionadamente en el proyecto y tiene esta sensación de: *Podemos hacerlo mejor. Tenemos que seguir cambiando, revisando, mejorando, reorganizando, alineando, añadiendo, etc.*

El *crítico positivo* es la diferencia entre la mediocridad y la excelencia. El cuestionamiento intenso y el compromiso insaciable con la mejora es la diferencia que marca la diferencia. De nuevo, la posición central del crítico positivo es:

Podemos hacer que esto sea aún mejor.

Se trata de tres niveles de creatividad interconectados. Pero recuerda que existen las versiones constructivas (COACH) y destructivas (CRASH) de cada modo. Sin un estado COACH, el soñador simplemente se pierde en la fantasía. El realista en estado CRASH es un burócrata; ya no hay chispa. El crítico sin un estado COACH es muy desagradable y destructivo. Así que, en términos de creatividad, el estado COACH es la plataforma principal, y luego el *soñador*, el *realista* y el *crítico* están en un segundo nivel.

Integración de los modos soñador, realista y crítico dentro del proceso en una línea de tiempo

Utilizamos estos estereotipos de Disney como método central para entrenar a los clientes en el trabajo de la línea de tiempo/guion gráfico. Explicamos la importancia de *abrir la imaginación y la curiosidad (soñador), del enfoque práctico basado en la realidad (realista) y de la revisión positiva y la mejora (crítico)*. Y luego sugerimos que cada uno de ellos se use para explorar cómo forjar un mapa de creatividad. Así que ahora el cuarto paso se vuelve más específico:

1. Campo COACH

2. Intención

3. Estado generativo

4. Recorrer la línea de tiempo

    a. Estado soñador

    b. Estado realista

    c. Estado crítico positivo

    d. Estado generativo (integración de los tres modos)

    e. Variantes

5. En la «línea de meta», miramos hacia atrás a los caminos de éxito. Compromiso, gratitud.

En esta versión, los tres primeros pasos se utilizan para crear un estado generativo centrado en un objetivo específico, lo que incluye trazar la línea de tiempo. A continuación, el cliente sintoniza con un modo creativo y recorre lentamente la línea temporal para percibir los diferentes pasos de acción que podrían darse. Esto se repite para cada uno de los tres modos —*soñador, realista y crítico positivo*— y después para un «yo generativo» que integra los tres.

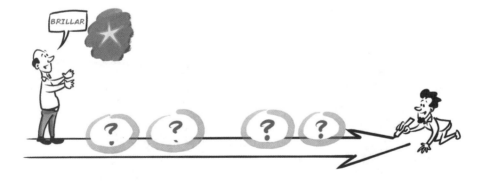

Una forma sencilla de activar un modo creativo:

1. Selecciona uno de los modos creativos (por ejemplo, soñador).

2. Identifica a un representante de esa modalidad (por ejemplo, *¿quién sería un buen modelo de alguien con visión creativa e imaginación?*).

3. Imagina al representante de pie junto a ti en la línea de tiempo.

4. Encuentra un modelo somático y una resonancia para estar en sintonía con el representante.

5. Usa esta conexión para recorrer la línea de tiempo, identificando paso a paso las maneras de alcanzar el objetivo.

Para que esto tenga un valor duradero, el compromiso principal del *coach* es ayudar al cliente a mantenerse en un estado COACH productivo. Esto requiere mucha habilidad en el *coaching*, ya que la mayoría de los clientes pierden el estado COACH muchas veces durante el proceso. Puede que estén demasiado en la cabeza, o que se encuentren con obstáculos, o que avancen demasiado rápido. Para lograr un cambio generativo sostenible, no intentamos forzar al cliente a encajar en el mundo del *coaching* generativo. Lo que buscamos es adaptar los métodos de CG para que apoyen el patrón único de cada cliente, «actualizando» el sistema a un nivel de COACH generativo.

Para ilustrar esto, veamos una sesión con un profesor de escuela de 35 años, Leonard. Quería ayuda para tener éxito en una relación íntima incipiente. Como se puede observar, el movimiento entre los diferentes modos creativos siguió a sus cambios de estado.

Establecer una intención positiva.

S: *Hola, Leonard, bienvenido.*

L: *Gracias, estoy contento de estar aquí.*

S: *Entonces, tomemos unos momentos para identificar cuál va a ser tu intención o tu objetivo aquí hoy. Si hubiera una cosa que te gustaría cambiar creativamente en tu vida, ¿cuál sería?*

L: *Manifestarme plenamente.*

S: *Y si fueras capaz de manifestarte plenamente, ¿qué serías capaz de crear específicamente? Si mirásemos al futuro, digamos dentro de un mes, seis meses o un año: ¿qué veríamos?*

L: *Me gustaría tener una relación íntima en mi vida personal.*

S: *Sí. ¿Tienes una relación intima ahora?*

(Leonard duda y luego asiente con la cabeza).

L: *Sí.*

S: *¿Es una relación a largo plazo?*

L: *Espero que sí.* (Risas).

S: *Bien. Entonces, ¿es una relación que está comenzando?* (Sonríe).

(Leonard asiente, sonríe y luego parece un poco inquieto).

S: *¿Cuánto tiempo llevas con esta persona?*

L: *Unos 3 meses...*

S: *¿Puedo preguntar su nombre?*

L: *Lily.*

S: *Genial. Bonito nombre. ¿Y cuánto tiempo te gustaría estar en esta relación con Lily?*

L: (Sonríe). *Para siempre...*

(Tanto S como L se ríen).

S: *De acuerdo, genial. Entonces, ¿estoy entendiendo que te gustaría tener confianza y capacidad para nutrir esta relación a largo plazo?*

L: *Sí, mucho.*

S: *Te entiendo. Lo siento. Lo veo. Y a ese lugar dentro de ti, le digo, ¡bienvenido! Me encantaría apoyarte en esto.*

L: *Gracias.*

S: *Es un placer. Y así, solo para profundizar tu conexión con esa intención, me gustaría invitarte a ir sintonizando... y sintiendo... ese lugar de tu anhelo más profundo, tu más profundo sueño..., siente dónde está su centro en tu cuerpo... en términos de esa esperanza, ese anhelo...*

(Leonard cierra los ojos, se toca el corazón y abre lentamente los brazos hacia el mundo).

L: *Aquí está...* (Muestra el modelo somático).

S: *Impresionante.* (A la audiencia). *No sé si habéis podido ver, su pecho empieza a abrirse ahí.* (S se toca el pecho y abre los brazos hacia afuera. Leonard asiente, se relaja).

Recordad que, como coach, *queremos aportar ternura y amabilidad, fiereza y juego. Así que, cuando alguien es realmente tímido, o se trata de una zona delicada y vulnerable, queremos tocar esos lugares con bondad amorosa.*

(Leonard sigue moviendo las manos).

S: *Entonces, me pregunto si se te ocurren algunas palabras que unan tu intención con ese centro y modelo somático..., para mí, sería genial experimentar en esta relación íntima...*

L: *Lo que realmente quiero crear en esta relación es un amor y un afecto genuinos.*

S: *Estupendo...* (Refleja los movimientos de Leonard). *Realmente quieres crear una relación de amor y afecto... Puedo sentirlo. Te envío mucho apoyo de «hermano mayor» para ello. Bienvenido.*

L: (Sonríe, parece vulnerable, asiente). *Gracias. Puedo sentirlo.*

S: *Así que, Leonard, vamos a ver qué puedes hacer para conseguirlo. Hemos estado hablando de crear planes de acción en líneas de tiempo, y también de que este proceso creativo es en parte del «soñador», en parte del «realista» y en parte del «crítico positivo».*

L: (Asiente con la cabeza).

S: (Se toma unos minutos para ayudar a Leonard a trazar la línea de tiempo, hacer conexiones positivas con el centro, la intención y los recursos).

El soñador (Deepak Chopra).

S: *Y una cosa que me gustaría sugerir, y que creo que te puede resultar muy útil e interesante, es que cada vez que recorras la línea de tiempo, lleves un recurso contigo, alguien a quien puedas tomar como modelo, recordar y que te guíe a tu estado óptimo.*

Empecemos por cómo aprovechar tu imaginación creativa y permitir que esa parte de ti despliegue una secuencia en la línea de tiempo... Me pregunto, ¿hay alguien que sea un buen modelo de eso para ti? ¿Alguien que realmente sea un gran representante de una imaginación abierta?

L: (Hace una breve pausa, luego sonríe). *Bueno, ha aparecido la imagen de Deepak Chopra. (Risas). ¡No me lo esperaba!*

S: (Sonríe). *Entonces, cuando lanzamos la invitación para que un soñador creativo se una a la conversación, Deepak Chopra respondió a la llamada. ¡Qué interesante! Espero que esté bien decirle a Deepak, ¡bienvenido! ¡Gracias por unirte a nosotros!*

L: (Sonríe, asiente). *Bienvenido, Deepak...*

S: *Y me gustaría invitar a Deepak a ser tu acompañante en la línea de tiempo del soñador. Puedes sentir su presencia junto a ti, sentir la conexión con su espíritu soñador...* (Leonard comienza a moverse lentamente, extendiendo repetidamente los brazos hacia afuera)... *y a medida que sientas esa conexión, da un primer paso hacia adelante y siente... en mi imaginación más profunda, ¿qué imágenes, canciones o movimientos vienen a representar un primer paso que puedo dar para profundizar en esta relación íntima?*

L: (Con los ojos cerrados, comienza un movimiento de baile lento y fluido, dando un paso adelante).

S: (Reflejando los movimientos de Leonard, justo a su lado). *Un pequeño paso para Leonard, un paso gigante para los hombres en las relaciones íntimas.* (Bromea)... *Y dime, ¿de qué te das cuenta ahí?*

L: (Sonríe). *Vi la cara de Deepak, y su voz diciéndome: tú creas tu realidad... ¡infinitas posibilidades!*

S: *Así es... ¿No es agradable saber que cada vez que comienzas un proceso de intimidad, puedes sentir esa presencia positiva de Deepak recordándote eso?... Y mientras continúas sintiendo ese ritmo... siente ese*

¡TÚ CREAS TU REALIDAD!

modelo somático que representa traer intimidad positiva a la relación..., viendo y sintiendo la presencia de Deepak Chopra como aliado..., permítete dar el paso siguiente...

(Este proceso continúa durante tres pasos más en la línea de tiempo. En cada paso sucesivo, Leonard contó que experimentaba: *a un bebe llorando siendo sostenido y calmado por Leonard; dos perros jugando en una pradera herbosa; a Leonard y a su amada riendo juntos.*

Al final de la línea temporal del soñador, se invita a Leonard a sentir los pasos que acaba de dar, a respirarlos para integrarlos, y a continuación a volver a las «puertas de entrada» para hacer una segunda ronda, esta vez en el modo realista).

Caminar en una línea de tiempo con múltiples posibilidades: un bebé que llora, dos perros jugando y su amada riendo con él.

El realista (Barack Obama).

S: *Entonces, ¿estás listo para otra ronda?*

L: *Sí.*

S: *Genial. En esta segunda ronda quiero invitarte a sintonizar con tu modo realista, para centrarte en las cosas específicas que puedes hacer realmente con tu amada cuando estás con ella. ¿De acuerdo?*

L: (Se tensa, se encoge un poco, parece inseguro). *Bueno, es más fácil decirlo que hacerlo. Soy bastante bueno en mis fantasías, me siento seguro en mi imaginación, pero cuando conecto con las personas me pasa algo, sobre todo en una relación íntima.*

S: *Es estupendo saber que, en las conexiones reales, te sientes abrumado.*

L: *Sí, bastante.*

S: *A esa parte de ti que se siente abrumada e insegura, me gustaría decirle, bienvenida. Y también señalar que este es el lugar donde tus recursos son más necesarios. Entonces, me pregunto, cuando piensas en un buen representante de una persona realista que pueda generar esa intimidad, ¿quién te viene a la mente?*

L: (Sonríe). *Barack Obama. Creo que es genial, y realmente admiro su relación con su mujer.*

S: *Bien, demos la bienvenida al presidente Obama. Bienvenido, Sr. Presidente, ¡bienvenido!* (Sonríe y hace un movimiento de bienvenida al Sr. Obama). *Y sé que eres un hombre muy ocupado, pero este maravilloso joven ha solicitado el honor de contar con tu apoyo como recurso. ¿Ayudarás a Leonard?* (S se vuelve hacia Leonard). *¿Qué dice?*

L: (Sonríe). *Dice, de esa manera tan amable e informal, que estaría encantado de hacerlo.*

S: *Genial. Así que imagínate a Barack Obama de pie junto a ti en tu viaje a la intimidad. Y vaya, probablemente él sea un hermano mayor mucho más poderoso de lo que yo podría ser.* (S y L se ríen). *¿De qué te das cuenta ahora?*

L: *Bueno, su mujer está de pie con él, se dan la mano, me sonríen.*

S: *Bien, puede que tengamos que cobrarte un extra por eso.* (Ambos se ríen). *¡Dos por uno, eso es genial! Así que, vamos a sintonizar con los pasos de la línea de tiempo... Siente el apoyo de Barack y Michelle Obama, una hermosa pareja para guiarte y apoyarte... y siente tu propia presencia somática, como un joven comprometido a encontrar su camino de intimidad... y luego, cuando estés listo, permítete dar un primer paso hacia adelante...*

L: (Va a moverse, se paraliza, parece angustiado).

S: (Con voz suave). *Hagamos una pausa... Respira..., céntrate..., no hace falta hacer nada..., vuelve al estado COACH... y siente la voz de Barack Obama hablando, quizás ofreciéndote un poco de apoyo. ¿Qué pasa ahora?*

L: *Me siento abrumado...*

S: (Amablemente). *Es bueno saber que surge la parte vulnerable cuando vas a la intimidad. Y a esa parte que se experimenta abrumada le decimos: ¡bienvenida! Estoy seguro de que tiene sentido. A menudo significa que estás pidiendo demasiado, que vas demasiado rápido... Así que tomémoslo como una sugerencia para ir más despacio..., escucha la voz del Sr. Obama, ¿qué te dice?*

SIN PRESIÓN. SOLO SÉ TU MISMO. ESTÁ BIEN SENTIRSE VULNERABLE

L: *Está de acuerdo contigo. Dice, no hay presión, sé tú mismo; está bien sentirse vulnerable.*

S: *Bueno, eso no me sorprende. Asumamos ambos esas palabras de sabiduría, y respiremos... y vayamos más despacio..., y lo que pasa*

con el realista es que se fija en los detalles simples, en las cosas reales..., como tu respiración entrando y saliendo..., como tus pies tocando el suelo..., como pensar: ¿cuál es esa pequeña cosa que serviría como un buen primer paso?

L: *Vi la imagen de los Obama agarrados de la mano, y entonces sentí y me vi extendiendo mi mano hacia Lily (su amada)...* (Leonard se ralentiza, respira, se relaja, sonríe).

S: *Eso es genial. Sin necesidad de muchas palabras, sin grandes planes, sin grandes exigencias..., solo darse las manos... Ese es un primer paso realmente bueno..., solo darse las manos... poco a poco, ralentizar, acciones simples..., darse las manos... ¿Y cómo responde Barack a eso?*

L: *Sonríe, asiente y guiña un ojo... mientras levanta su mano entrelazada con la de Michelle.*

S: *¡Para eso están los recursos! Y mientras sientes ese toque de la mano..., la sonrisa y el apoyo de los Obama..., permítete dar otro paso como realista. ¿De qué te das cuenta aquí?*

L: (Leonard avanza un pasito, de nuevo parece que entra en estado CRASH. Murmura). *Comunicación. Solo comunicación.*

COMUNICACIÓN

S: (Con suavidad). *¿Comunicar qué específicamente?*

(Leonard se encoge de hombros, indica resignación).

S: (Suavemente). *Genial. Este es uno de los pasos más importantes de todo el proceso. Aquí es donde realmente llegas a conectar con tu capacidad de amar más profunda. Siento como si hubiese estado encerrada en el sótano durante mucho tiempo. Me gustaría decirle a esa presencia: Bienvenida. Bienvenida. Eres muy importante para el proceso.*

(En estos puntos de estado CRASH, el *coach* da la bienvenida a lo que sea que esté ahí, y ayuda al cliente a conectar con los recursos del estado COACH para poder integrarlo positivamente. Steve hace esto conectando a Leonard con (1) su propio cuerpo, (2) su recurso de Barack Obama y (3) con el apoyo humano de Steve. Leonard descubre que el camino hacia la intimidad ha activado a su niño herido, y el apoyo del estado COACH le permite darle la bienvenida como parte integral de su yo íntimo actual).

S: *Y desde ahí, Leonard, conecta primero contigo mismo..., con ese lugar vulnerable dentro de ti..., con el amable apoyo del hermano mayor Barack Obama... Mientras miras a Lily desde este lugar, ¿qué es lo que quieres decir?*

L: (Lentamente). *Quiero decirle a Lily: Te quiero, pero a veces me lleva tiempo llegar allí.* (Parece vulnerable pero se mantiene conectado).

S: *Eso es genial..., puedo sentirlo... ¿Y qué dicen Barack y Michelle?*

L: (Sonríe). *¡Parecen muy felices y orgullosos de mí!*

S: *Sí, ahora tienes mucho apoyo para esa vulnerabilidad y ese compromiso con la intimidad... y como parece que tu lado vulnerable tarda un tiempo en llegar allí, supongo que eso significa que tienes tiempo libre para hacer otras cosas, ¿no?* (Sonríe).

L: (Risas). *Supongo que sí...*

S: *Bueno, mientras dejas que esa parte tan vulnerable de ti se tome su tiempo detrás de la escena, por qué no das un salto adelante... y podrías llevar a Barack y a Deepak contigo... y observa..., solo por diversión: «Lo que me gustaría hacer con Lily es...».* (Steve modela esto con su jovialidad infantil, bailando a su alrededor. Convence a Leonard, que después de varios minutos comienza a moverse libremente. Con estos movimientos somáticos juguetones, avanza varios pasos más en la línea de tiempo, descubriendo imágenes de estar llevando flores a Lily, de hablar con ella sobre su dolor familiar y haciendo videos para ella).

(Así, vemos una respuesta bastante diferente entre el modo realista y el soñador. Mucho estado CRASH en el realista, lo que significa que tiene mucho poder creativo no integrado al que darle la bienvenida para integrarlo. Cambiando a una energía suave y después juguetona permite que esa parte herida sea bienvenida en el yo de la solución).

Al final de la segunda línea de tiempo, Steve le pide a Leonard que haga una pausa, que se fije en lo aprendido y que vuelva al punto de partida.

S: *¡Vaya, qué interesante! Es hora de recorrer la línea de tiempo una vez más, quizás... ¿Estás dispuesto?*

L: *Sí, definitivamente.*

Camina por la línea de tiempo apoyado por su mentor/arquetipo del «realista»: lleva flores, habla de su dolor familiar, graba vídeos.

El crítico positivo (Bruce Lee).

S: *Bien, ahora llegamos a esa parte de nuestro ser creativo que se encarga de rechazar, cambiar, editar, reordenar, recortar, revisar. A esto lo llamamos el crítico positivo. ¿Crees que hay algo en este camino a la intimidad que quieras cambiar especialmente?*

L: *Quiero soltar mi inseguridad y mi miedo.*

S: *¿Y reemplazarlo con qué?*

L: (Hace una pausa). *Bueno, quiero mantenerme con «los pies en la tierra» cuando me sienta criticado.*

S: *Genial. Eso tiene sentido. Y si te permitieras reflexionar sobre quién podría ser un buen representante de ese crítico o editor... Fíjate en quién aparece esta vez.*

L: (Risas). *Bruce Lee.*

S: *¡Vaya, tienes buen gusto! ¡Bruce Lee ha sido uno de mis héroes desde que empecé con las artes marciales hace casi 50 años!* (S modela somáticamente a Bruce Lee, con sus movimientos juguetones, sus sonidos y sus ojos feroces. L refleja sus movimientos).

¿Y qué te gusta especialmente de Bruce Lee como modelo?

L: *Bueno, nunca retrocede, pero es muy juguetón, y tiene una gracia tan poderosa, y a veces es muy serio.*

S: *Sí, es un buen modelo masculino, estoy de acuerdo. ¿Y, de todo eso, qué sería lo que no tenías de joven y quieres tener ahora para ir hacia la intimidad positiva?*

L: (Parece joven, vulnerable). *Mi familia era bastante violenta, había muchos gritos y me daban golpes. Eso me hizo inseguro e incapaz de comunicarme bien.*

S: *Sí, conozco esa sensación.* (Los dos hombres conectan en silencio). *Así que aho-*

ra estás construyendo una familia diferente, con soñadores como Deepak, realistas cariñosos como Barack, y feroces críticos positivos que mueven el dedo diciendo «no», como Bruce Lee. (Conexión silenciosa). *Es muy bueno saberlo... Me alegro por ti.* (Conexión silenciosa).

Así que, ¿hacemos la línea de tiempo con Bruce?

L: *Sí, hagámosla.* (Parece que se recompone en una presencia más comprometida y madura).

S: *Y para esta, sugiero que no solo te imagines a Bruce Lee a tu lado, sino que me viene esta imagen de TI siendo Bruce Lee..., tú moviéndote y sonando como Bruce. ¿Lo has hecho alguna vez en privado en casa?*

L: (Risas). *Sí, sobre todo cuando era adolescente.*

S: *Yo también, y mucho después de ser adolescente..., quizás ayer.* (Ambos se ríen). *¿Qué piensas?*

L: *Creo que eso sería genial.* (Ahora Steve y Leonard intercambian algunos movimientos de Bruce Lee, como haciendo de *sparring* el uno para el otro, y ambos se ríen).

S: *Y entonces, vamos a esa línea de tiempo una vez más... Leonard, siente hasta qué punto estás realmente, realmente comprometido a desarrollar una relación de intimidad positiva, ojalá que con Linda. Despacio..., siéntelo..., deja que habite en lo más profundo de tu centro. Y desde ahí, siente el deleite de descubrir que el espíritu de Bruce Lee puede guiarte en algunos de los pasos que necesitas dar en este sentido. Entonces, ¿estás preparado?*

L: *Sí, definitivamente.*

S: *De acuerdo, entonces permítete encontrar un movimiento como los de Bruce Lee y déjate llevar hacia adelante en un movimiento, en un primer paso diciendo: Como primer paso, el dragón aparece diciendo...* (Steve modela esto, dando saltos, lanzándose hacia delante con una declaración fiera. A continuación, se inclina hacia L y le señala sin palabras que es su turno. L se muestra un poco tímido, pero luego irrumpe en el movimiento libre).

L: «*Whaaaa...*» (sonido de Bruce Lee). *Lo primero que tengo que hacer es... decir a mi familia: no quiero ser más la víctima, ¡quiero tener mi propia vida!* (Parece muy intenso y vulnerable, mayormente centrado).

S: (Asiente, habla con seriedad pero con suavidad). *Eso es genial. Eso es, Leonard. Ahora termínalo con unos cuantos movimientos realmente buenos a lo Bruce Lee...*

(Steve ofrece un modelo somático de Bruce Lee, y Leonard se une a él, ambos con fiereza juguetona).

(Ahora Steve piensa en Muhammad Ali, y empieza a modelar somáticamente a Ali, bailando y haciendo cabriolas). *Y qué tal si invitamos a Muhammad Ali al equipo... ¡Floto como una mariposa, pero pico como una abeja!* (S baila como Ali. Con un poco de estímulo, L también lo refleja).

S: *Eso es genial, Leonard. Realmente genial. Y así, permítete encontrar esa fiereza masculina positiva..., de corazón abierto..., juguetona..., indómita..., centrada.. Y siente a ese crítico de fiereza protectora, permitiéndote hablar solo con tu propia voz... Camina unos pasos más.*

L: (Hace un modelo somático de extender el brazo hacia adelante, como una espada, comienza a recorrer lentamente la línea de tiempo. Esta vez encuentra imágenes adicionales: *encuentra un centro de fiereza silencioso cuando le ataca su crítico interior; baila como Bruce Lee cuando se siente intimidado; y un modelo somático de una mano en su corazón y la otra extendida hacia delante..)..*

S: *Está bien. Se siente bien, ¿no?*

L: (Asiente con la cabeza). *Realmente bien...*

S: *Tienes un aspecto estupendo.*

(A la audiencia). *Así que solo explorando esto, puedes comenzar a tener una idea de cuál es la relación de una persona con cada una de estas tres partes fundamentales.*

Así que volveremos al principio y juntaremos todo esto.

(Vuelven al principio).

Camina en una línea de tiempo apoyado por su mentor/arquetipo del «crítico positivo»: encuentra un centro silencioso con fiereza; baila como Bruce Lee; una mano en el corazón y la otra hacia adelante.

Integración y Orientación al Futuro.

S: *Como forma de integrar, vamos a recorrer la* kata *o la coreografía de este proceso.* (Con cada paso, S modela e invita a L a reflejarlo). *Comencemos con un campo COACH...* (modelo somático)..., *luego la intención...* (modelo somático). *Cada día, me vuelvo más maduro y comprometido con una relación íntima saludable...* (modelo somático no verbal). *Y siento toda la comunidad de recursos maduros para guiarme..., recordarme..., apoyarme y dar ejemplo...*

(Soñador). Deepak Chopra..., infinitas posibilidades..., recuerdo la necesidad de la imaginación creativa... (modelo somático, sonríe, juguetón)...

(Realista). Barack Obama..., un realista amable..., recordándote... ir más despacio..., simplicidad, simplicidad, simplicidad..., pequeñas cosas..., manteniéndote centrado y presente..., primero conecta contigo mismo..., luego con los demás..., una forma de empezar a integrar, amabilidad y familiaridad, respeto por las mujeres..., centrado...

(Crítico positivo). Bruce Lee..., el crítico danzante... que no permite abusos..., corta ferozmente la intimidación..., centramiento..., defensa propia positiva..., celebración del cuerpo.... Elevándote por encima del abuso..., centrado..., centrado..., una profunda intimidad con tu corazón y tu alma..., un profundo compromiso con la práctica diaria...

Y por encima de todo, tú..., Leonard..., un hombre despertando a su intimidad positiva..., un hombre sanando, ayudando..., transformándose... cada día...

Y así, simplemente nota lo que has creado aquí..., siente cómo cada día puedes practicar esta línea de tiempo: ¿qué puedo hacer hoy para desarrollar más mi intimidad? Una pregunta para los siglos... Y moviéndote a través de esa conexión..., empezando por ti mismo..., centro, intención po-

sitiva, recursos…, luego dando un paso a la vez… y recordando…, imaginación positiva, infinitas posibilidades…, realidad práctica, pequeños pasos, permaneciendo conectado…, cambios y revisiones con fiereza, guerrero positivo…, y sintiendo a todos ellos integrados, más y más cada día, mientras das los pasos cada día…

Y mirando hacia atrás, a los caminos que has comenzado a establecer, permítete centrarte… Realiza cualquier compromiso o promesa que quieras hacer…, agradece a todos los seres que te apoyan en este camino…, (pausa)… y luego, como cierre, permítete encontrar un modelo somático y una voz para celebrar… Sí, lo hice…., una voz que diga…, infinitas posibilidades…, otra, ¡Sí, podemos!… otra, solo el sonido del dragón danzante… y lo más importante, tu propia voz diciendo… Sí…, sí…, sí…

(Leonard se mueve, sonríe y se inclina… durante varios minutos. Luego se vuelve hacia Stephen y le hace una reverencia).

¡Gracias!

S: (Abraza a L). *Gracias a ti también, hermano. Gracias por compartir una parte fundamental de tu camino de vida. Gracias por ser un alumno de ti mismo, y un maestro para todos nosotros.* (Extiende la mano a otras personas de la sala). *¿Cuántos de vosotros habéis recibido terapia de Leonard aquí hoy?*

La gente levanta las manos, colma de apoyo a Leonard y lo ovaciona poniéndose de pie. Leonard está muy conmovido. Steve se acerca, rodea a Leonard con su brazo y dice: *Ahora comienza el trabajo.*

Usar el modelo Disney en una línea de tiempo:

1) ESTABLECE UNA INTENCIÓN.

2) IDENTIFICA A UN REPRESENTANTE DEL SOÑADOR Y RECORRE LA LÍNEA DE TIEMPO.

3) IDENTIFICA A UN REPRESENTANTE DEL REALISTA Y RECORRE LA LÍNEA DE TIEMPO.

4) ENCUENTRA UN REPRESENTANTE DEL CRÍTICO POSITIVO Y RECORRE LA LÍNEA DE TIEMPO.

5) INTEGRA Y GENERA COMPROMISO.

Comentario general

Esta es solo una de las muchas maneras en que el guion gráfico/línea de tiempo puede ser utilizado en el Coaching Generativo. En el «flujo disciplinado» del CG, vemos el método como un prototipo simple y claro para ir desplegando un camino hacia una realidad deseada, que se expresará de muchas maneras particulares. Recuerda que la sostenibilidad generativa depende de la inclusión de todas las dimensiones de un holón de actuación: el objetivo, el estado actual, los recursos, los obstáculos, las condiciones del contexto, etc. Por lo tanto, la actuación real es una especie de improvisación colectiva organizada en torno a un modelo general.

En el ejemplo anterior, vemos la importancia de ir activando los diferentes modos de creatividad del *soñador* (imaginación abierta), el *realista* (aplicación práctica) y el *crítico positivo* (revisión y mejora continuas). Cada uno de ellos es una habilidad esencial para la creatividad sostenible. Como Leonard, la mayoría de las personas son fuertes en un área, pero no en las otras. Leonard se sentía muy cómodo en su soñador, pero rápidamente estresado en el realista. Esto se interpretó como un *feedback* para pasar a un ritmo más lento y dar pasos más pequeños, y también para activar múltiples recursos, por ejemplo, el centramiento somático, la conexión con el *coach* y la conexión con su recurso «Barack Obama».

Al recorrer la línea de tiempo (en la sesión y más adelante), Leonard comenzó a percibir que sus antiguos «mapas de intimidad» eran principalmente negativos: tenía un padre abusivo como modelo masculino, una relación violenta entre sus padres, una autocrítica aprendida en la familia, falta de apoyo positivo, etc. Era especialmente importante que se diera cuenta de que no había nada malo o deficiente en él, simplemente había heredado algunos dolorosos patrones CRASH de su familia. Practicar la línea de tiempo durante muchas semanas le permitió identificar estas dimensiones CRASH y sustituirlas por representaciones COACH.

No es una cuestión de si uno se va a encontrar con estos puntos CRASH debilitantes, sino de cuándo se encontrará con ellos. Es raro que lo que trae a un cliente al *coaching* sea simplemente una falta de habilidad o de conocimiento; casi siempre hay puntos CRASH no resueltos que disocian a una persona de sus habilidades ganadas con esfuerzo. Hay muchos indicios reveladores del estado CRASH: reactividad emocional, pérdida de foco, estancamiento en alguna experiencia, bloqueo somático, etc. En esos momentos, el *coaching* pasa de «ir avanzando hacia un futuro positivo» a «ir reconectando con el estado COACH». El *coach* generativo puede pasar rápidamente por los seis pasos —abrir un campo COACH, intención positiva, las tres conexiones positivas, fragmentar en subpasos, dar la bienvenida a los obstáculos— para percibir qué dimensiones del holón de actuación necesitan ser integradas para reanudar el flujo creativo. (Recuerda que cada paso contiene todos los demás). Esto significa que cada sesión será única y muy iluminadora, tanto para el *coach* como para el cliente.

Usa la técnica de la «línea de tiempo» para pasar a la acción, apoyado por tus representantes de las tres energías arquetípicas: soñador, realista y crítico positivo.

Los métodos generales de la línea de tiempo y el guion gráfico se utilizan en prácticamente todos los campos de alto rendimiento. Los atletas visualizan y ensayan su ejecución un sinfín de veces cuando se preparan para una gran actuación. Durante una competición, el *coaching* generalmente implica retornar al plan esencial; y después, el partido se revisa muchas veces para analizar cómo mejorar. El entrenamiento implica el uso de los mapas de actuación en diferentes condiciones, de modo que se desarrolle una confianza tal que, pase lo que pase, tengas la habilidad y la resiliencia para responder de forma creativa. Esto es lo que tratamos de hacer en el Coaching Generativo. No queremos dar a un cliente un mapa rígido, queremos ayudarle a «aprender a aprender» estrategias de éxito flexibles y coherentes.

Esto significa que el trabajo de la sesión es un comienzo, no un final. En el sexto paso solemos repasar lo sucedido y pedimos a los clientes que identifiquen y se comprometan con dos o tres acciones para esa semana, y que mantengan registros. En el capítulo 7, veremos cómo se ponen en práctica estos compromisos con las tareas de múltiples maneras. A veces los clientes «se olvidan» o «no tienen tiempo» de hacerlos. Otras veces comienzan y se sienten abrumados o se desvían, o bien se producen condiciones o acontecimientos imprevistos. *Cada resultado es bienvenido como una retroalimentación positiva sobre lo que se necesita para seguir mejorando.*

Como ocurre con todos los métodos de Coaching Generativo, el prototipo del guion gráfico/línea de tiempo no es una técnica que se imponga al cliente, sino un mapa general mediante el cual los clientes pueden «aprender a aprender» un desarrollo positivo. Como dice el viejo refrán: *Dale a un hombre un pez y lo alimentarás durante un día. Enséñale a pescar y le darás de comer toda la vida.*

Con el método de línea de tiempo ayudamos al cliente a aprender a usar productivamente el compromiso profundo, el trabajo duro y el aprendizaje continuo. Esto desarrolla la confianza para vivir la vida con un corazón abierto y una mente curiosa. Nos recuerda lo que tantas veces oímos decir a Milton Erickson: *No sé cómo ocurrirá, ¡pero tengo curiosidad por descubrirlo!* Esta es la esencia del aprendizaje generativo, y los métodos del CG ofrecen la base para hacerlo realidad. Como diría Deepak Chopra: *Hay infinitas posibilidades.* Barack Obama diría: *¡Sí, podemos!* Y Bruce Lee diría: *¡Whaaaaaa!*

¡BIENVENIDOS!

Este ser humano es una casa de huéspedes.
Cada mañana un nuevo recién llegado.
Una alegría, una depresión, una maldad,
surge cierta conciencia momentánea
como un visitante inesperado.
¡Dales la bienvenida y recíbelos a todos!
Incluso si son una muchedumbre de lamentos
que arrasan tu casa con violencia,
dejándola vacía hasta de muebles,
aun así, trata a cada invitado honorablemente.
Puede que esté creando espacio
para algún nuevo deleite.
El pensamiento oscuro, la vergüenza, la malicia,
recíbelos en la puerta riendo e invítalos a entrar.
Muéstrate agradecido con
cualquiera que venga,
porque cada uno ha sido enviado
como un guía del más allá.

—Rumi

Capítulo 6

Quinto paso.
Transformar los obstáculos

Donde quiera que vayas, los problemas están ahí para recibirte. Si tienes un coche, tendrás problemas con el coche. Si tienes una relación íntima, tendrás problemas de intimidad. Si trabajas, tendrás problemas de trabajo. Los problemas son parte integral de la vida, así que no es de extrañar que los consideremos una parte esencial e integral del Coaching Generativo. Así pues, la pregunta se convierte en: ¿cuál es la mejor manera de entender y relacionarse con los obstáculos significativos?

Para responderla, consideremos qué es lo que agrava los problemas. En términos del Coaching Generativo, no necesitamos mirar más allá de las cuatro «F» del estado CRASH: *fight, flight, freeze, fold* (lucha, huída, congelación o repliegue). Si intentas dominar tus problemas por la fuerza, suelen empeorar. Si huyes de ellos, empeoran. Si tratas de lidiar con ellos con una especie de análisis/parálisis congelado, empeoran. Y si simplemente te insensibilizas a ellos, empeoran.

Cuando añadimos la quinta «F» de flujo creativo, vemos que no solo es lo que resuelve los problemas, sino que los transformará en los recursos más necesarios para avanzar en la vida. Así, decimos:

El problema no es el problema. Tu relación con el «problema» es el problema (o la solución).

Y además:

La solución intentada se convierte en el problema.

El problema es un recurso no integrado para la solución.

Para dar sentido a esto, en primer lugar queremos volver a nuestro modelo de los dos niveles de la realidad experiencial, para ver que los problemas y los recursos comparten la misma raíz arquetípica. Las relaciones CRASH convierten la raíz en un problema, mientras que las relaciones COACH les permiten madurar y llegar a ser recursos humanos.

El modelo de los dos niveles de experiencia

Nuestro primer hogar es el campo cuántico de la consciencia colectiva. Este campo contiene la historia ancestral, organizada en torno a *patrones arquetípicos* de cómo se crean las vidas humanas. Cada patrón arquetípico es una representación holográfica de las innumerables formas en las que se ha afrontado un desafío humano esencial. (Por holográfico queremos decir que no es una imagen fija y aislada, sino un mapa espectral que contiene todas las formas posibles del patrón). En el Coaching Generativo hacemos un hincapié especial en tres de estos patrones arquetípicos: *la ternura, la fiereza y el juego.*

Este nivel primario no está especialmente activo durante las tareas mundanas, en las que te limitas a repetir lo que has hecho antes. Pero cuando te enfrentas a un desafío que requiere una nueva respuesta creativa, tu *centro somático* abre la puerta al inconsciente creativo. A través de esos canales se transmiten patrones y energías ancestrales para ayudarte a afrontar ese desafío. *Estas experiencias no provienen de tu mente individual, sino de la consciencia colectiva más profunda. Este es el primer nivel de creatividad, el «círculo pequeño».*

Estas energías ancestrales no están totalmente humanizadas. Son estructuras profundas que pueden ser ejemplificadas de infinitas maneras posibles, permitiendo así una total libertad creativa. La conexión humana con estos patrones arquetípicos es la que les da su forma y significado específicos. *Este es el segundo nivel de la realidad creativa, el «gran círculo».*

Ternura

Fiereza   Juego

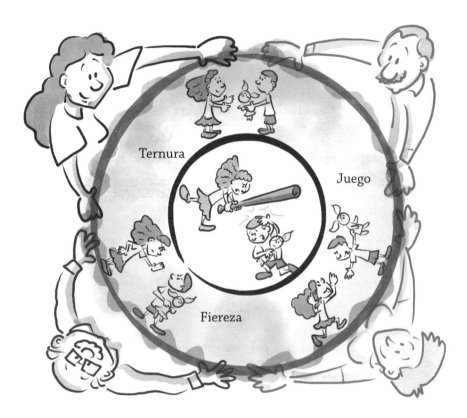

La familia y la comunidad de adultos constituyen la «mente consciente» del niño.

Quizás esto sea más fácil de ver con los niños. Están claramente conectados con el campo arquetípico de infinitas posibilidades. La vida fluye a través de ellos y cada momento les aporta una experiencia diferente. Cuando mi hija era pequeña, la gente decía: *¡Es tan bonita!* Yo les decía: *Sí, es eso y mucho, mucho más.* Los niños pequeños tocan cada experiencia del mundo al menos dos veces al día, ¡no sorprende que duerman tan profundo por la noche!

Pero, desde el punto de vista humano, los niños están incompletos. No tienen la mente social-cognitiva para dar forma y sentido a sus increíbles energías. Así, la familia y la comunidad de adultos constituyen la «mente consciente» del niño. Hay una vieja idea existencialista: tu primera imagen de ti mismo viene de lo que te reflejan los demás.

Por ejemplo, imaginemos a una niña pequeña que responde cuando su amiga le quita un juguete golpeándola en la cabeza con un bate. (¡No me lo estoy imaginando, lo estoy recordando!). En un mundo ideal, un padre diría: *¡Tiene mucha fuerza! Pero necesita un poco de ayuda para humanizar esa fiereza.* Entonces trabajaríamos con la niña para valorar su fiereza, y al mismo tiempo la ayudaríamos a desarrollar formas de expresarla productivamente. Mediante este uso de las conexiones COACH, un patrón arquetípico se convierte en un recurso humano positivo.

Pero imaginemos que a esa niña que agarra el bate se le grita, se le dice que las chicas buenas nunca se enojan y se le advierte de que no vuelva a hacerlo *nunca más*. Entra en CRASH, lo que convierte la fiereza arquetípica en una terrible experiencia negativa, que necesita ser encerrada en el sótano. Se convierte en una «niña buena», crónicamente amable y agradable. Mientras tanto, se siente muerta y vacía por dentro, separada del fuego de su alma.

Entonces, en un momento dado, algo se mueve. Por ejemplo, siente la vocación de ser periodista de investigación, un trabajo que requiere mucha fiereza. Declara así su intención positiva:

Realmente quiero convertirme en una gran periodista.

Y su obstáculo aparece inmediatamente:

Pero me cierro mucho cuando tengo que denunciar las miserias de la gente.

(O en lugar de desconectarse de la fiereza, puede que se sienta consumida por ella):

Pero cuando siento que una persona está mintiendo, estallo y me vuelvo totalmente loca.

El modelo de los dos niveles nos permite ver el «problema» como un *recurso necesario* bajo la influencia de una maldición humana. Para la periodista, su «problema» es portador de la fiereza positiva necesaria para realizar un compromiso profundo, mantener unos límites sanos, decir la verdad y mostrar otras habilidades de «guerrera positiva». *Por eso se activa cuando ella necesita fiereza*. Pero como surge en su forma negativa y condicionada, se considera solo como una experiencia negativa que hay que rechazar. *La consiguiente respuesta negativa a ella la recrea inconscientemente como el problema*. Lo que buscamos en el CG es abordar estos «problemas» con creatividad, de modo que se conviertan en recursos.

Cuatro conjuntos de habilidades para la transformación de las experiencias negativas

Ahora queremos explorar cuatro conjuntos de habilidades necesarias para transformar los «problemas» en recursos positivos.

1. Conectar con un estado COACH.

2. Humanizar la experiencia negativa.

3. «Mantras» relacionales.

4. Tejer recursos positivos.

1. Conectar con un estado COACH.

Esta es la premisa central del Coaching Generativo: *la generatividad requiere un estado COACH*. Una experiencia difícil se convierte en un problema imposible cuando se mantiene en un estado CRASH. La periodista que luchaba por encontrar una fiereza integrada entraba en CRASH cada vez que entraba en contacto con su parte fiera. Era una fruta prohibida. Podías verlo en su cuerpo: respiración inhibida, hombros bloqueados, ojos vidriosos. Y podías oírlo en sus palabras: *Tengo que superar este problema; tengo que dejar de ser así*. Esta hostilidad hacia tu experiencia es lo que la convierte en un problema terrible. Como me gusta decir a los clientes: *Trátate como a un perro. (¡Buen chico! ¡Buena chica! Abracémonos)*. Ya se sabe que, con los mamíferos, todo es cuestión de amabilidad y conexión no verbal.

En el Coaching Generativo, el *coach* empieza por desarrollar su propio estado COACH. Cuando un cliente cae en un estado CRASH, asumimos que se activa en nosotros al mismo tiempo; nuestras neuronas espejo trabajan horas extras. Al reconocerlo e ir pasando a un estado COACH, representamos un modelo de lo que le pedimos al cliente.

Con la periodista, desde mi conexión COACH la ayudé a encontrar la suya. Se trataba de *entrenar a las chicas en un partido de fútbol*. Usamos esto como una base estable para invitar a la fiereza no integrada a una «ceremonia del té» de sanación generativa.

2. Humanizar la experiencia negativa.

Solemos utilizar el lenguaje «ello negativo» con relación a nuestros «problemas»: *Tengo que deshacerme de «ello». Es algo terrible.*

Este lenguaje deshumanizante nos prepara para la violencia; para que la mayoría de la gente ejerza la violencia, primero tienen que representar al «otro» como un monstruo inhumano o una amenaza. Por desgracia, este es el lenguaje más usado para describir experiencias «ajenas al ego» y que impactan a las personas. Términos como «depresión», «pánico» y «compulsiones» no inspiran precisamente respeto y compasión, justo lo que es necesario para la transformación. El cambio generativo requiere un lenguaje que «humanice» lo que se percibe como el «ello negativo» . Hay tres formas sencillas de hacerlo: (1) proporcionar hogar y abrigo, (2) utilizar pronombres humanos y (3) percibir la edad.

Proporcionar hogar y abrigo.

Una pregunta humanizadora es: ¿dónde vive esa emoción (en tu cuerpo)? Cuando no tienes hogar, es difícil ser generativo.

> *¿En qué parte de tu cuerpo sientes la presencia de ese pánico? Cuando te sientes deprimido, ¿dónde sientes que eso se centra en tu cuerpo?*

Ante estas preguntas, a menudo hay desconcierto:

> *No sé... En todas partes... Simplemente está ahí.*

Al ayudar amablemente a las personas a encontrar un estado COACH, podemos ayudarles a hallar la *sensación sentida* de la experiencia y darle acogida . Al hacerlo, la persona se asienta y se muestra más humana. Puede iniciar una relación diferente con esta *alteridad*:

> *¡Oh! Estoy aquí, y la otra parte de mí vive ahí, en mi pecho...*

Esto no es disociación, es diferenciación positiva. Solo cuando las partes están diferenciadas es posible una integración más profunda. A veces llamamos a este proceso *invitar al obstáculo a la ceremonia del té.*

Pronombres personales.

Una segunda manera de humanizar la alteridad negativa es a través de los pronombres personales: utilizamos los pronombres «él» o «ella», en lugar de «ello».

Así que hay una presencia dentro de ti que ahora mismo está llena de ira.

O

«Ella» está llena de pánico.

A veces los clientes se preguntan qué puede significar esto:

Bueno, me doy cuenta de que eso puede sonar un poco extraño. Pero estamos afrontando la cuestión de cómo tratar de forma más eficaz esta recurrencia (problema) que afrontas. Una manera de pensar en ello es como esta cosa horrible e idiota que necesita ser asesinada por cualquier medio posible. Y si lo entiendo bien, ya has estado allí, ya has intentado eso. Y no has tenido mucho éxito.

O podríamos empezar a pensar en esa presencia profunda que te sigue dondequiera que vas... (amablemente) como una parte de ti que necesita conexión..., algún modo de ser incluida.

Cuando este tipo de conversación se realiza con habilidad, puede cambiar las reglas del juego: permite que la persona inicie una relación respetuosa y curiosa con esta alteridad que vive profundamente dentro de ella. Esto es lo que permite la transformación.

Edad.

Un tercer lenguaje humanizador consiste en preguntar por la edad asociada con una emoción difícil:

> *Cuando te sientas conectada con ese lugar de tristeza, me gustaría invitarte a dejar que aparezca en tu mente un número que represente una edad para ese sentimiento. No intentes pensarlo, solo deja que ocurra.*

A menudo la persona se sorprenderá por el número que aparece:

Cliente: *(Pausa)... seis... (parece que está tocando un sentimiento).*

Coach: *Así que, cuando sintonizas con esa tristeza, surge la edad de 6 años. Es interesante. ¡Y a cualquier parte de ti que esté conectada a eso, solo quiero darle la bienvenida!*

No se trata de que la persona haga una regresión a la infancia. Al contrario, se trata de dar la bienvenida a las «partes» o «estados del ego» no integrados que se activan cuando la persona conecta con un recurso necesario.

Sentirlo como a una edad diferente te permite diferenciarlo de tu yo actual (basado en que ahora eres competente):

> *Tengo cuarenta años, y esta otra parte de mí que entra en pánico suele estar en torno a los seis años. Es una parte de mí, pero no mi yo más profundo. O bien la invito a entrar en todos los recursos de mi yo actual, o ambos somos arrastrados al infierno de mi pasado. ¡Mmm! ¿Me pregunto qué opción es mejor para mí?*

Así, el cliente aprende que cuando se activen sus viejos patrones, no ha de retroceder. Lo toma como una señal para «dar la bienvenida» a las competencias y conexiones ganadas con el esfuerzo de su yo actual. Este recurso central no está ligado a su base negativa anterior y sí a la base positiva y madura del presente. Este es uno de los cambios fundamentales para transformar las experiencias negativas. Como decía Jung: *La primera mitad de tu vida pertenece a otras personas, la segunda te pertenece a ti.*

3. Los cuatro mantras relacionales.

En Coaching Generativo volumen 1, hablamos de cómo dar una bienvenida positiva a la conexión humana a los obstáculos no integrados a través de los cuatro «mantras relacionales»:

1. Eso es interesante...

2. Estoy seguro de que tiene sentido...

3. Algo está tratando de despertar (de ser oído, contenido o sanado).

4. ¡Bienvenido!

Por supuesto, lo más importante es la forma no verbal en la que se expresan estas declaraciones. No son clichés que deban repetirse mecánicamente, sino auténticas expresiones de consideración humana. Queremos dar una genuina bienvenida a cada experiencia en la comunidad de recursos humanos a través del reconocimiento positivo y la aceptación. A continuación veremos otras formas de utilizar hábilmente estos «mantras».

4. *Tejer recursos positivos.*

El sufrimiento persistente refleja un aislamiento o «disociación funcional» de una parte de la identidad de su totalidad más amplia. Los problemas persistentes tienen propiedades de autobloqueo: cuando se activan, todo lo demás desaparece, y uno se queda atrapado dentro de ese «infierno CRASH». Puedes verlo en los clientes y sentirlo en ti mismo como *coach*: una herida no integrada se activa, y una corriente subterránea empieza a arrastrarte hacia algún vórtice negativo. El miedo a ser «engullida» hace que la persona no dé la bienvenida a esas experiencias. Por eso, nos aseguramos de que la conversación de *coaching* esté llena de recursos positivos para ayudar al cliente a «permanecer con una experiencia negativa sin convertirse en ella».

Esta es una de las principales razones por las que enumeramos la transformación de los obstáculos como el quinto de los seis pasos. Queremos empezar con recursos y conexiones positivas en las que las experiencias CRASH puedan ser bienvenidas. Aunque los obstáculos suelen aparecer mucho antes del quinto paso, seguimos reconociendo que nuestra primera conexión es con los recursos que pueden dar la bienvenida y sustentar los obstáculos en una comunidad humana positiva.

A través de los recursos y conexiones COACH, trabajamos cuidadosamente con el yo herido. Anticipamos que el estado CRASH puede ocurrir en cualquier momento, y estamos preparados para cambiar la atención —a veces en mitad de la frase— hacia un recurso. Al concebir la transformación como una forma de volver a entretejer una parte desconectada en el mosaico de su campo COACH, ocurren cosas buenas.

Con recursos y conexiones COACH puedes abrir opciones para dar la bienvenida
a energías arquetípicas que están intentando expresar algo.

Focusing Relacional

Hay otro método al que queremos referirnos y que llamamos *focusing relacional*. Está influenciado por el trabajo de Eugene Gendlin (1978) en la Universidad de Chicago. Gendlin descubrió que el cambio creativo sostenible solo se producía cuando la mente verbal de una persona estaba conectada con la resonancia somática en su cuerpo. En otras palabras, el pensar o el hablar estando desconectados tiene poco poder. Pero cuando las palabras «tocan» el cuerpo, es una combinación ganadora. Por eso solemos utilizar lo que en Coaching Generativo llamamos la *pregunta transversal cognitiva/somática*:

> *Mientras dices (o piensas) eso, date unos momentos para sentir cómo se representa eso en tu cuerpo.*

Aquí buscamos lo que Gendlin vino a llamar *sensación sentida*. No es una emoción de bloqueo muscular, es la resonancia del río cuántico fluyendo a través del centro somático; cada momento es una revelación siempre cambiante de conocimiento sutil. Gendlin desarrolló un modelo llamado *focusing*, donde se usa la sintonía con esta *sensación sentida* para desplegar soluciones generativas. En este proceso, la mente individual se asocia con la mente de la sabiduría ancestral. Necesitamos esta inteligencia más profunda, al igual que ella nos necesita a nosotros.

En la versión de Gendlin, el foco se centraba únicamente en la sensación sentida somática del cliente. En el Coaching Generativo, obtenemos resultados aún más profundos mediante un *focusing* relacional en los centros somáticos tanto del cliente como del *coach*. No te estás «fusionando» con tu cliente; al contrario, el hecho de que tanto el cliente como el *coach* estén en su propio centro al tiempo que se unen en resonancia límbica crea una diferenciación mucho mejor, como dos artistas en una representación que cumplen la ecuación generativa de $1 + 1 = 3$.

Igual de importante es que estás yendo «directo a la fuente». Milton Erickson solía decir que la *neurosis es la incapacidad de hablar directamente*. En otras palabras, cuando estás atascado en un estado problemático, tus mapas cognitivos no representan de manera congruente tus verdades somáticas más profundas. Para activar el poder creativo, los dos niveles deben estar alineados. Esto es lo que queremos hacer a través del centramiento relacional. Trasladamos la atención desde las declaraciones verbales «del piso de arriba» a lo que está siendo tocado «en el piso de abajo» de los centros somáticos, y luego vemos si podemos conseguir «que los ascensores se muevan arriba y abajo».

Hay muchas formas de hacer *focusing* relacional. Como ejercicio de centramiento somático y escucha, a veces sugiero al cliente lo que sigue. Nos damos unos momentos para acomodarnos y asentarnos, y a continuación le explico que voy a empezar con los ojos cerrados. En lugar de tratar de entender las palabras, me limito a escuchar y a sentir lo que es tocado en mi centro, junto a cualquier imagen que surja. Este es un aprendizaje poderoso para mucha gente: cuando realmente quieran entender algo, pueden cerrar los ojos y simplemente «escuchar la música». A la mayoría de las personas nunca se les ha dado permiso ni se les ha animado a hacer esto, con un gran coste.

Mientras el cliente habla, toco con mi mano cualquier centro somático (mío) que empiece a resonar. Esto se convierte en una parte integral de mi mente profesional; siento como si una presencia adicional se hubiera unido a mí, como imagino que siente cualquier persona en un estado creativo. Abro los ojos suavemente y, mientras permanezco conectado a mi centro, pido al cliente que haga una pausa, perciba y conecte con su sensación sentida. Una vez que la encuentra, le pido que vuelva a hablar, pero *solo de una manera que le permita seguir resonando con su centro*. Cuando no puedas sentir tu centro, deja de pensar o hacer hasta que puedas. De nuevo, la actuación consciente solo es creativa cuando está conectada con una sensación sentida somática.

Esta conexión directa con la sensación sentida proporciona una comprensión que nunca habrías imaginado si la conversación se hubiera quedado solo «en la cabeza». Es especialmente útil cuando sientes que te está ocurriendo algo que no puedes nombrar. A menudo la utilizo mientras escucho a un cliente hablar de su situación, para comprobar si lo que escucho «arriba» (verbal) coincide con lo que percibo «abajo» (cuerpo). O a veces parece que una técnica *debería* tener algún efecto, basándote en tu comprensión de las cosas, pero no es así. Otras veces, el cliente sale de la consulta tan entusiasmado porque en apariencia ha hecho un cambio profundo, pero luego no pasa nada. O simplemente en la conversación tiene alguna sensación extraña, como una niebla que desciende, o imágenes o rostros resplandecientes, o cambios en la temperatura o en la luz.

Todo esto sugiere que algo está activo «detrás del escenario». Recuerda que se trata de algo bueno: la activación de las experiencias «fuera de la caja del ego» son señales de que el inconsciente creativo está intentando aportar recursos

para afrontar algún desafío. La advertencia es que la presencia humana necesita un encuentro positivo con estas energías para que sean recursos. El *focusing* relacional puede ayudar mucho en este sentido. Te permite dejar de lado la «cháchara social» y sentir directamente lo que está tratando de manifestarse.

Lo que aparece a menudo es bastante sorprendente, sin relación con lo que sucede «en la cabeza». Puede parecer que la persona está tocando algo importante, pero tú te sientes extrañamente indiferente. O mientras habla de algún tema aparentemente inocuo, sientes una profunda tristeza o un entumecimiento. A veces, el *focusing* somático trae consigo imágenes extrañas: en sesiones recientes he visto imágenes de una casa en llamas, un árbol antiguo en un desierto, un bebé llorando y una mujer respirando fuego.

Nunca hay que considerar estas sensaciones o imágenes simbólicas como literales o «verdaderas». Gendlin las describió como símbolos portadores de significados múltiples y contradictorios, algunos de los cuales no pueden explicitarse. Nuevamente, este es el lenguaje de la consciencia creativa. Lo importante es percibir que «algo está tratando de despertar» y compartir tu experiencia con los clientes de tal manera que ellos puedan percibir la suya. Así se inicia una conversación de *focusing* relacional en la que cada palabra, cada sonido, cada movimiento se siente como una onda y un destello a través de la propia consciencia. Ese es un terreno fértil para el cambio profundo.

Un ejemplo ilustrativo.

Veamos un ejemplo en el que se entrelazan muchas de las técnicas que hemos tocado hasta ahora en este capítulo. Diana trabajaba como directora de recursos humanos en una empresa tecnológica. Tenía 48 años, estaba casada y tenía dos hijos. En la sesión inicial, habló de lo mucho que le gustaba su trabajo, que se centraba en ayudar a jóvenes ejecutivos que eran «estrellas en ciernes» con sus «problemas de comunicación». Afirmó que a veces se sentía «sobrepasada por el estrés» durante sus conversaciones con ellos, y que después se mostraba autocrítica. Su objetivo era que le fuera bien en esas conversaciones.

Diana era muy positiva, encantadora e inteligente. Sonreía casi constantemente y hablaba muy rápido. No es de extrañar que le resultara difícil conseguir conexiones profundas y sostenidas con un estado COACH. Podía identificar una serie de estados positivos de bienestar —por ejemplo, pasear por la playa y cocinar— y recursos positivos, como sus dos queridos perros lobo y su comunidad de mujeres. Pero cuando la guié al estado COACH para que estuviera en alguno de esos modos, le resultaba difícil relajarse del todo.

Asimismo, no tenía muy clara su intención positiva. Realmente quería que le fuera bien con sus clientes, pero... a menudo entraba en CRASH repentinamente durante las entrevistas. Parecía claro que, cuando hablaba del trabajo, se activaba algo de estrés en su cuerpo y le costaba hablar de ello. Esto sugería que usar el canal verbal para conectar con los lugares somáticos atascados podría no ser el mejor camino, así que sugerí que hiciéramos un pequeño experimento de *focusing* relacional, a lo que ella accedió.

S: *Diana, cuando hablas de tu objetivo, lo que observo es que tus hombros se tensan, y empiezas a sonreír y a hablar más rápido. ¿Y tú? ¿Qué observas?*

D: *Sí. Empiezo a sentirme algo tensa..., empiezo a sentirme sobrepasada..., pero no sé a qué se debe.*

S: *Bueno, me gustaría sugerir que hagamos un pequeño experimento. Es algo que se llama* focusing *somático. Te pediré que hables de tu objetivo durante unos minutos, y yo me acomodaré con los ojos cerrados, solo para tener una sensación de lo que eso podría estar tocando en mí y también en ti. ¿Te parece bien?*

(Diana asiente con la cabeza).

S: *Genial. Así que tomémonos un momento... para que cada uno de nosotros vayamos más despacio..., respira...,* (la voz se vuelve suave, resonante)... *y encontremos nuestra propia versión de lo que he estado llamando un estado COACH... Centrado..., abierto..., consciente..., conectado..., hospitalario... Puedes recordar a tus perros..., caminar por la playa... y yo lo haré a mi manera... Y a continuación, cuando estés lista, puedes abrir los ojos...,* (Diana abre los ojos)... *solo sigue adelante y habla de tu objetivo aquí hoy... y mientras hablas, yo solo voy a estar escuchando centrándome en lo que eso toca en mí.* (Respira profundo y cierra los ojos).

D: (Diana vuelve a hablar de su objetivo. Steve tiene los ojos cerrados..., después de unos momentos se lleva la mano a la zona del corazón. Después de otros veinte segundos más o menos, permaneciendo centrado y absorto, se lleva la otra mano cerrada a la zona del vientre.

Asiente con la cabeza lentamente y sigue escuchando).

S: (Abre los ojos). *Y Diana, hagamos una pausa..., respiremos y sintamos lo que está pasando en el cuerpo. Primero observé lo amable y encantadora que eres como profesional, en tu presentación social...* (señala gentilmente la cara de Diana)... *y luego, mientras escuchaba eso, sentí una especie de miedo debido a un exceso de vulnerabilidad en el pecho...* (se toca suavemente el corazón)... *y luego* (sonríe y aprieta el puño frente a su vientre)... *sentí esta presencia fría y oscura aquí abajo... Interesante, ¿no? Me pregunto qué notaste en el cuerpo mientras hablabas del objetivo.*

D: *Bueno, me identifico con lo que dices sobre mi «amabilidad». La gente suele decir eso de mí... y comentan que parece que siempre estoy sonriendo...*

S: *Sí, veo esa amabilidad y esa presencia cuidadosa y positiva en tu cara..., eso es bueno verlo y sentirlo... ¿Y qué tal el corazón y el pecho?* (Steve se toca el corazón y señala el de Diana).

D: *Bueno, eso es lo que me parece un poco confuso. A veces, en el trabajo, sobre todo con esos jóvenes genios que son un poco engreídos..., empiezo a sentir esta ansiedad...* (se toca el pecho... *y me digo que me relaje..., pero parece que no funciona...*

S: (Asiente con la cabeza). *Sí, ya lo veo... Así que, mientras intentas traer esa «amabilidad» a tus clientes* (le señala gentilmente la cabeza)... *algo pasa aquí* (señala al corazón)... *y hay una ansiedad muy intensa...*

D: (Asiente con la cabeza, parece perpleja)...

S: (Se toca el pecho con la mano). *Sí, he sentido eso..., es genial que este recurso más profundo comience a activarse...* (sonríe)... *Vamos a ir más despacio y a tomar unas res-*

piraciones profundas. *Y me gustaría decir a ese lugar de tensión en tu pecho: ¡Bienvenido!* (Sonríe, saluda amablemente). *¡Bienvenido!*

D: (Diana sonríe, asiente, se relaja).

S: *Y observa, mientras digo esto, ¿qué sucede con esa sensación del pecho?*

D: *La energía vuelve a mis pies, puedo sentir los pies y la respiración es más profunda, y eso* (se indica el pecho) *ya no es una tormenta. Cambia de sentirse realmente frío a cálido...*

S: *¿No te parece interesante? ¿Que cuando puedes traer apoyo positivo y conexión a esa presencia en el pecho, este comienza a relajarse y la calidez regresa?*

D: (Se relaja, respira más profundo, asiente).

S: *Entonces, parece que, hasta ahora, hemos identificado dos partes distintas de ti que se activan en esas conversaciones profesionales. Tienes tus habilidades profesionales y tu cuidado «arriba»* (señala la cara de D)*..., es bueno saberlo..., y cuando te encuentras con esos desafíos, entonces comienza a activarse una segunda «parte de ti», la vulnerabilidad en el corazón. También es bueno saberlo.*

D: (Asiente). *Creo que está ahí todo el tiempo* (se toca el corazón)*... Por la razón que sea, a veces se congela y me agobia...*

S: *Sí..., ese recurso de tu corazón está siempre ahí... y a veces, como quizás cuando la conversación empieza a entrar en alguna dinámica extraña... empieza a bloquearse...* (se toca el corazón)*...*

D: (Asiente con la cabeza, parece dócil).

S: *Estoy seguro de que eso tiene sentido. Y a continuación, si percibo correctamente,*

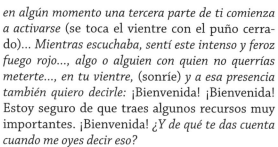

en algún momento una tercera parte de ti comienza a activarse (se toca el vientre con el puño cerrado)... Mientras escuchaba, sentí este intenso y feroz fuego rojo..., algo o alguien con quien no querrías meterte..., en tu vientre, (sonríe) y a esa presencia también quiero decirle: ¡Bienvenida! ¡Bienvenida! Estoy seguro de que traes algunos recursos muy importantes. ¡Bienvenida! *¿Y de qué te das cuenta cuando me oyes decir eso?*

D: *Empiezo a sentirme irritable.* (Manos y mandíbula apretadas, la voz es casi como un gruñido).

S: *¡Vaya, qué interesante!* (Ambos se ríen un poco). *¿No te parece interesante?* (Steve gruñe como si estuviera enfadado). ¡Bienvenido!

D: *Es interesante, pero no lo encuentro agradable.*

S: *Ya lo veo. Lo siento. Así que, a esa presencia en ti* (señala el vientre) *quiero decirle de nuevo: bienvenida. Es muy interesante que cada vez que de alguna manera empiezas a sentirte insegura, esa presencia aparece de repente.*

D: *Sí, creo que tienes razón...*

S: *Entonces, se activa algún «detector de mentiras» y «protector».* (Saluda). *¡Hola!*

Así que me encantaría apoyarte para ver qué tipo de nueva relación puedes tener con esa parte de ti que se está volviendo irritable. Y por cierto, quiero compartir que mientras me sintonizaba con ese vientre, vi algunas imágenes..., había una casa quemándose, y un perro ladrando con una correa... No estoy seguro de lo que pueden significar..., pero tengo curiosidad por saber si te viene alguna imagen mientras conectas con esa parte «irritante».

D: *Bueno, es muy extraño que hayas visto esa imagen de la casa quemándose. Al parecer, mi abuela quemó su casa cuando era adolescente.*

S: *Vaya..., ¿qué le pasó?*

D: *Acabó catatónica, en un hospital.*

S: *Vaya..., así que realmente estás tocando algo muy profundo en tu interior. Bueno, el fuego puede destruir cosas, pero también puede proporcionar mucha luz y pasión... Así que, de nuevo, me gustaría decirle a ese lugar en lo más profundo de tu vientre, ¡bienvenido! Bienvenido a nuestra conversación.* (Vuelve a indicar el espacio circular. Diana asiente). *Estoy seguro de que traes algo muy, muy importante. Y al oírme decir eso, ¿qué notas que te ocurre?* (Indica su pecho).

D: *Este lugar comienza* (se señala el pecho) *a relajarse. Y por un momento, sentí que me hablaba. Se ha calmado.*

S: *Sí.*

D: *Es como si me sintiera comprendida...*

S: *Sí, eso es exactamente lo que intentamos hacer. Buscamos tocar esa parte de tu alma... con ojos humanos de bondad y comprensión. Porque, si entiendo bien, dices que cuando realmente necesitas estar en un buen estado en el trabajo, hay tres partes diferentes de ti: (1) el encanto natural y la habilidad de tu yo profesional* (señala a la cabeza)*..., (2) la tremenda vulnerabilidad y el sentimiento delicado de tu corazón... y (3) el fuego intenso y la fiereza protectora de tu mente del vientre.*

Cuando esas tres partes están conectadas positivamente, tienes un equipo creativo imbatible. Pero si alguna de ellas se queda fuera o es atacada negativamente, acabarás con muchos problemas. ¿Tiene sentido?

D: *Sí, mucho...*

Humanizar las experiencias negativas te permite tomar nuevas decisiones sobre cómo expresar lo que es más importante para ti.

A continuación seguimos sintonizando con cada una de las partes, dándoles la bienvenida positiva a los estados COACH, y luego pasamos por los procesos de sentir el alineamiento entre las mentes de la cabeza, el corazón y el vientre. Diana pasó por una serie de experiencias integradoras profundas al sentir e integrar las raíces positivas de cada parte. Después la invito a ponerse de pie y a caminar a través de líneas de tiempo para sentir una conexión, luego la siguiente, y luego la siguiente. A lo largo de este proceso, enfatizo en que cada parte es un recurso clave que se ha de activar cuando ella lo necesite; a veces una historia negativa lo condiciona en una forma CRASH que provoca relaciones negativas; y sus respuestas COACH positivas pueden asegurar que cada parte se convierta en un miembro integral de su yo generativo.

Transformar las experiencias negativas

1) ESTABLECER UNA INTENCIÓN

2) ENCONTRAR LAS «VOCES/ SENTIMIENTOS» QUE EXPERIMENTAS COMO NEGATIVOS

3) OFRECERLES PRESENCIA HUMANA PARA TRANSFORMARLOS...

4) ...EN RECURSOS

Trae la presencia humana a tus experiencias negativas,
escucha sus mensajes, y transfórmalas en recursos.

Resumen

En el quinto paso damos la bienvenida a la presencia inevitable e integral de las principales experiencias y comportamientos negativos en cada parte de la vida. Sin estos desafíos, el aprendizaje y el desarrollo creativo serían literalmente imposibles. El modelo de doble nivel considera que cada obstáculo representa un recurso arquetípico central, que se activa desde la mente colectiva en respuesta a algún desafío. En su nivel básico, el patrón tiene el mismo potencial de ser positivo o negativo, dependiendo de la relación. Cuando te comprometes con un desafío central en un estado CRASH, se presenta como un problema negativo; pero cuando puedes cambiar a un estado COACH, el mismo patrón puede transformarse en un recurso positivo.

Esta comprensión nos permite dar una bienvenida positiva a las experiencias negativas significativas que parecen bloquear el camino creativo de un cliente. El Coaching Generativo ofrece muchas maneras de transformar estos obstáculos en recursos creativos, basándose en aportar hábilmente una presencia humana positiva a través de un estado COACH, un lenguaje humanizador, la conexión con los recursos y dándoles un lugar. También hemos visto que a veces necesitamos pasar del pensamiento verbal «de arriba» a la sensación relacional «de abajo» para conectar con presencias ocultas en la «hipnosis» conversacional.

Es muy importante que aceptemos no solo la presencia inevitable de obstáculos, sino que busquemos conectar creativamente con ellos. Podríamos decir que una afirmación central que encontramos en el *coaching* es:

Quiero crear X, PERO (el obstáculo) Y interfiere.

En CG, lo transformamos en:

Cuando voy a crear X, aparece Y (el recurso) para ayudar.

Este cambio fundamental en la representación posibilita un movimiento trascendental que permite pasar de la lucha/huida/congelación/repliegue al flujo creativo que permite el desarrollo de nuevas soluciones.

No moriré sin vivir la vida,
no viviré con miedo
de caerme o prenderme fuego.
Elijo habitar mis días,
permitir que mi vida me abra,
hacerme menos temerosa,
más accesible,
soltar mi corazón
hasta que se convierta en un ala,
una antorcha, una promesa.
Elijo arriesgar mi importancia
para vivir de modo que lo que vino a mí como semilla
pase al siguiente como flor
y lo que vino a mí como flor
pase al siguiente como fruto.

—Dawna Markova

Capítulo 7

Sexto paso. Prácticas para profundizar y sostener el cambio

Uno de los hallazgos más importantes de la investigación en psicoterapia a lo largo de los últimos 60 años es que todos los enfoques funcionan más o menos igual, con una tasa de éxito de alrededor del 60% (Miller, Hubble, Chow y Seidel, 2013). (Esto es contrario a la intuición de los terapeutas, ¡que suelen pensar que su propio enfoque es muy superior!). Confiamos en que este hallazgo sea igualmente válido para el *coaching*, así como para los demás enfoques usados para «mejorar». Pero aunque no hay muchas diferencias entre los resultados de los enfoques, sí que hay diferencias significativas en los practicantes: algunos obtienen sistemáticamente mejores resultados que otros.

Resulta que hay tres grandes diferencias entre los practicantes promedio y los generativos. En primer lugar, los de alto rendimiento obtienen mucho más feedback de los clientes, en todos los niveles. Las sesiones se desarrollan en colaboración, incluyendo al cliente a cada paso. En segundo lugar, los *coaches* de éxito admiten los fallos con más frecuencia y más fácilmente; se dan cuenta de que todo lo que ofrecen es una «sugerencia» y de que en realidad no saben qué es lo mejor para el cliente. Descubren que las técnicas que no funcionan son tan útiles como las que sí lo hacen, y que cada una de ellas proporciona información sobre cómo dar forma a la sesión para que se ajuste a los patrones únicos del cliente. En tercer lugar, los practicantes de alto rendimiento están comprometidos con su desarrollo continuo. Practican con constancia, tanto para su desarrollo personal como profesional, buscando siempre «ampliar sus límites». Esto no solo les permite estar plenamente implicados, sino que también proporciona un gran modelo para que los clientes hagan lo mismo.

Este sexto paso del Coaching Generativo consiste en asegurarse de que todo lo que ocurra en la sesión se traduzca en una realización creativa en el mundo. El cambio sostenible viene de permanecer conectado con los patrones centrales del cliente. En este capítulo queremos centrarnos en tres formas de hacerlo:

1. *Feedback* en todas las fases del trabajo
2. Asignación de tareas para casa
3. Prácticas diarias

Feedback, feedback, feedback

Cuando yo (S.G). trabajo con clientes, suelo tener un mantra interior: *tócame, enséñame, tócame, enséñame*. Quiero ser tocado por el espíritu único del cliente y que me enseñe a apoyar mejor su crecimiento orgánico. No es posible hacer suficiente énfasis en la importancia esencial de la escucha profunda. Una de las cosas más sorprendentes que escucho de la mayoría de la gente es que de niños siempre se les decía lo que tenían que hacer, y rara vez se les preguntaba lo que querían. Esta mentalidad de «los padres saben más» se traslada a la mayoría de las instituciones sociales y es una de las principales formas de condenar el espíritu generativo y el crecimiento sostenible.

Hay dos términos para referirse al aprendizaje: *instrucción*, que quiere decir «introducir o empaquetar»; y *educación*, que significa «sacar o revelar lo que ya está ahí». La *instrucción* es la tradición dominante. En el Coaching Generativo, buscamos sustituirla por una *educación* que honre al espíritu. Uno nunca puede saber de antemano la forma exacta en que se desarrollará el cambio creativo. Nuestra única esperanza real es extender una invitación y luego prestar mucha atención al *feedback* —verbal y no verbal— grande y pequeño, positivo y negativo. Con los cuatro mantras relacionales, sintonizamos con *algo que se está despertando* y luego damos la *bienvenida* a lo que emerja, especialmente a las experiencias no invitadas. Y cuando utilizamos una técnica, no es tanto esperando que tenga éxito, sino sintiendo curiosidad por saber cómo estimulará la inteligencia orgánica del cliente. Al recibir todo lo que sucede con una presencia

y respeto como de aikido, los cambios se despliegan orgánicamente desde el interior del cliente, que es lo que más favorece la sostenibilidad.

La siguiente tabla describe los diferentes tipos de *feedback*, tanto formales como informales, que los *coaches* generativos realizan antes, durante y después de las sesiones. Antes de la primera sesión, se pide a los clientes que completen los Anexos A y B (descritos brevemente en el capítulo 1). En el Anexo A se les invita a compartir información general relacionada con este trabajo: sus antecedentes familiares y profesionales, su experiencia previa con el *coaching* o en actividades relacionadas, sus objetivos y recursos, etc. El *coach* lo lee antes de la sesión; normalmente lo aborda en la primera sesión y se refiere a ello periódicamente en las siguientes.

Obtener feedback *del cliente*	
Presesión	Fin de la sesión
a. Normas de la consulta b. Información biográfica (Anexo A) c. Objetivos específicos: seis «elementos de actuación» del Coaching Generativo (Anexo B)	a. Breve formulario de *feedback* (Anexo C) b. Breve comentario/«*feed forward*» con tareas para casa c. (Opcional) *Feedback* de los seis elementos del Coaching Generativo
Durante la sesión	Después de la sesión
a. Resonancia no verbal b. Pregunta cruzada verbal/no verbal c. Comprobación frecuente de los «trocitos» (¿es esto correcto?)	a. *Feedback* de los seis elementos del CG (Anexo D) b. Comienzo de la sesión siguiente: reflexiones/*feedback*/fijar objetivos para el presente

El Anexo B se centra en los seis pasos del *holón de actuación* del Coaching Generativo. Este es su enfoque principal: buscamos identificar y hacer un uso creativo del holón de actuación del cliente. Cuando cada dimensión se mantiene de forma resonante, positiva e interconectada, es posible un cambio generativo sostenible. El formulario previo a la sesión proporciona una evaluación de referencia. Sugiere qué recursos y patrones tiene el cliente, así como los puntos débiles que deben reforzarse. El uso posterior a la sesión (Anexo D) nos permite ver dónde se han producido cambios y qué necesita más atención. También asesoramos a clientes en el uso de esta información del *holón de actuación* para guiar e informar sus propios procesos generativos.

Durante las sesiones, el *coach* está intensamente sintonizado con el cliente, observando y guiándose por cada respuesta sutil. Recuerda que las palabras solo se vuelven generativas cuando resuenan somáticamente, por lo que el *coach* generativo observa tanto sus propias respuestas somáticas como las del cliente. Muchas veces hacemos la *pregunta cruzada cognitiva/somática*:

Cuando dices (o escuchas o piensas) eso, ¿qué sucede en tu cuerpo?

Esta pregunta va dirigida tanto al cliente como al *coach*. No solo se aplica a la mente somática del cliente, sino también a la del *coach*.

Como se ha ilustrado, a veces este dice:

Mientras escucho eso, registro que mi cuerpo empieza a sentir X. ¿Qué notas que sucede en tu cuerpo?

Como comentamos en el último capítulo, este tipo de *focusing* relacional ilumina la conversación con la identidad más profunda de la persona. A veces la resonancia es positiva, como una relajación cálida o una apertura de corazón, lo que indica una conexión COACH. A veces la resonancia es negativa —como una tensión contraída o un campo energético extraño—, lo que sugiere que una parte desconectada CRASH necesita integración. Las respuestas CRASH y COACH revelan igualmente las partes de la identidad esencial que se necesitan para una conversación transformadora. La mejor manera de sintonizar con ellas es la conexión no verbal continua. A veces se trata de una resonancia negativa, o incluso de una sensación de entumecimiento frío, que indica una disociación CRASH. «Los mendigos no pueden elegir»: necesitamos todas las resonancias emocionales para preparar una comida sanadora.

Un último tipo de *feedback* se obtiene mediante preguntas sencillas del tipo:

Si lo he entendido bien, estás diciendo X. ¿Lo he entendido bien? ¿Hay algo más que creas importante añadir?

Estas preguntas se formulan a lo largo de la sesión y proporcionan un *feedback* crucial. Esto no requiere que el entendimiento del cliente y el del *coach* coincidan siempre. Las diferencias son tan útiles como los acuerdos, siempre que el *coach* se dé cuenta de que sostener «ambas cosas al mismo tiempo» suele ser muy generativo.

Al final de la sesión es muy útil el *feedback* del cliente. Esto puede hacerse de manera informal, pero también mediante el breve formulario escrito que se muestra en el Anexo C. Las investigaciones demuestran que el mero hecho de que el cliente complete dicho formulario mejora los resultados, *aunque el* coach *no lo lea*, presumiblemente porque invita y apoya a los clientes a pensar en la sesión como algo que les pertenece (véase Miller y Hubble, 2011). Y cuando los *coaches* leen dicho *feedback*, ¡se obtiene un impulso adicional en los resultados!

Por supuesto, el *feedback* también se recibe después de la sesión y antes de la siguiente (Anexo D). En todo esto, recuerda la premisa central del CG de que la creatividad es siempre una conversación. La generatividad no está dentro del cliente individual ni del *coach* individual, sino en la conexión de *feedback* resonante entre ellos. ¡Ahí es donde ocurre la magia!

Como hemos dicho, la sesión de *coaching* crea *posibilidades*; el cambio real solo se produce después, cuando la persona vuelve a entrar en su vida cotidiana. Así, las tareas son un puente integral para la transición. Lo que sigue ilustra la forma básica en que hacemos esto, de la manera más colaborativa posible.

Así que, hicimos este trabajo y estuvimos explorando este tema. Identificaste una idea de lo que querías e identificaste algunas de las dificultades. Este es un punto de partida. Si tuvieras que señalar dos o tres cosas que crees que son importantes para poder llevarlo a cabo y continuarlo en tu vida real..., ¿qué estaría primero en la lista en términos de cosas que quieres lograr? Por ejemplo:

1. ¿Qué necesitas hacer?

2. ¿Con quién necesitas hablar? ¿Sobre qué? ¿Cuándo?

3. ¿Qué habilidades necesitas entrenar, qué conocimientos necesitas encontrar?

4. ¿Qué compromisos necesitas asumir?

Tareas orientadas a objetivos

1. ¿Qué hay que hacer para alcanzar el objetivo?

2.- Compromiso con unas pocas tareas para casa

4.- Utiliza respuestas (o la ausencia de ellas) como el principal *feedback* para futuros trabajos

3.- Lleva registros y regresa a las sesiones de coaching

A partir de esta conversación, se pide a los clientes que identifiquen y se comprometan a realizar algunas cosas. El *coach* se asegura de que los objetivos sean claros, factibles, relevantes y con un plazo de tiempo determinado. Se pide a los clientes que anoten los objetivos y que lleven un registro diario de lo que han hecho con respecto a ellos, de los resultados y las revisiones.

En la sesión siguiente se revisan y comentan los registros. Como es de esperar, ocurren muchas cosas en relación con las tareas. A veces los clientes las completan, y las cosas van bastante bien, se aprende mucho. Pero, otras veces, las tareas no se completan o ni siquiera se comienzan, lo cual es una información tremendamente importante. Te dice que hay algo en el sistema del cliente que no se está incluyendo en la conversación. Este es otro lugar donde resulta útil usar el *holón de actuación* de seis partes. Puedes comprobarlo:

1. Campo COACH: ¿Fue el cliente capaz de acceder a las conexiones positivas consigo mismo necesarias para la acción generativa?

2. Intención positiva: ¿Está claro el objetivo? ¿Hay suficiente motivación?

3. Estado generativo: ¿Fue el cliente capaz de acceder a las tres conexiones positivas (centro/intención/recursos)?

4. Pasos de acción: ¿Hubo un mapa representacional y un compromiso claro con las acciones específicas a realizar?

5. Obstáculos: ¿Qué partes ocultas/experiencias CRASH/miedos están bloqueando la acción creativa?

6. Prácticas cotidianas: ¿Está el cliente practicando el autocuidado y la conexión consigo mismo de manera regular para permitir que se desarrolle una sensación de bienestar resiliente?

En muchos sentidos, aquí es donde comienza realmente el trabajo. No es difícil tener una sesión en la que el cliente se vaya con la sensación de: *¡Ha sido genial! Mis problemas han desaparecido por completo... ¡Ahora viviré feliz para siempre!* Cuando la fantasía choca con la realidad posterior a la sesión, queda claro lo que tiene que ocurrir para que el cambio sea sostenible.

Tipos de respuestas a los compromisos posteriores a la sesión.

1. Las cosas *fueron bien, nuevas experiencias y elaboraciones.*

2. *No se cumplieron los compromisos.*

   • *Comprobar la motivación.*

   • *Es necesario priorizar los compromisos y organizar el tiempo.*

   • *Reducir los compromisos a un tamaño factible.*

   • *Identificar qué otras cosas hay que hacer primero.*

   • *Identificar y trabajar con las objeciones/obstáculos ocultos.*

   • *Comprometerse a centrarse diariamente en los objetivos.*

3. *Durante la realización del compromiso, se produce el CRASH y el proceso se descarrila.*

4. *Centrarse en los resultados positivos de cumplir los compromisos y en los resultados negativos de no hacerlo (motivación positiva y negativa).*

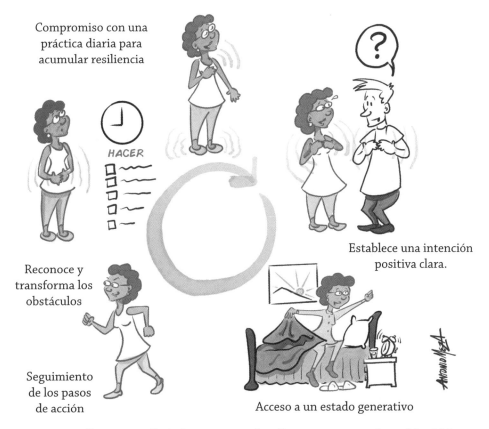

Compromiso con una práctica diaria para acumular resiliencia

HACER

Reconoce y transforma los obstáculos

Seguimiento de los pasos de acción

Establece una intención positiva clara.

Acceso a un estado generativo

A veces se trata de que los clientes reorganicen su vida para hacerse un espacio a ellos mismos. La mayoría hemos creado vidas dominadas por nuestras responsabilidades con todo el mundo menos con nosotros mismos. Esto se pone de manifiesto cuando no encontramos tiempo para hacer nuestro trabajo. Así que «no tener tiempo» para la tarea a la que me he comprometido permite una conversación realmente importante sobre la reorganización de mis prioridades para incluirme a mí mismo.

En el Volumen 1 de Coaching Generativo compartimos el ejemplo de que, en cada viaje en avión, los auxiliares de vuelo señalan que, en caso de emergencia, las máscaras de oxígeno caerán delante de ti. Entonces, invariablemente, te indican que te pongas primero tu máscara antes de intentar ayudar a los demás. Nosotros establecemos algo parecido con nuestros clientes. Tenemos que darnos «oxígeno» a nosotros mismos primero para poder servir a los demás.

Tan pronto como nos comprometemos con un curso de acción, las «objeciones» aparecen como estado CRASH.

Con frecuencia, las experiencias no integradas chocan con el camino creativo de la persona. Para una clienta, su compromiso con el autocuidado activó un tremendo conflicto en su familia, ya que su rol inconsciente de «cuidadora» se vio amenazado. Para otra cliente interesada en el desarrollo profesional, las viejas voces (¡No tienes derecho a hablar! ¡Eres una idiota, a nadie le interesa lo que tienes que decir!) emitieron «amenazas de muerte» que la congelaron en la inacción. De nuevo, estas experiencias son la norma, no la excepción. Para reiterar, estas energías CRASH transportan las energías más profundas del alma de la persona, por lo que su presencia es realmente una buena noticia. Ayudar a los clientes a desarrollar una relación inteligente y compasiva con estos obstáculos inevitables es uno de los objetivos más prácticos.

Como en todos los procesos de Coaching Generativo, estas conversaciones no son solo verbales, sino que se busca especialmente la congruencia verbal/no verbal. El holón de actuación hace hincapié en el yo generativo como una familia de «yoes» múltiples y contradictorios. Por lo tanto, no debería sorprender que después de que el «yo frontal» de la persona se haya comprometido con un plan de acción, otras partes salten a la conversación como «objeciones» o «sabotajes». Damos la bienvenida a estos acontecimientos como partes fundamentales del proceso de integración generativa.

Entonces podemos dar la bienvenida a ese «fracaso» como una de nuestras prácticas generativas.

Esta bienvenida positiva del «fracaso» es una de las prácticas más generativas que podemos desarrollar. Inevitablemente, existe una gran brecha entre nuestro *yo ideal* y lo que realmente sucede. Nos quedamos cortos, volvemos a disociarnos, volvemos a caer en viejos patrones. *Se trata de una brecha universal e insalvable.* Muchos de nosotros estamos condicionados a castigarnos y odiarnos a nosotros mismos en esos momentos, y eso es lo que hace que sea un problema. Dar la bienvenida a estas respuestas «que no son del ego» como miembros integrales del equipo creativo cambia el juego de manera fundamental.

Prácticas diarias

La otra parte importante del sexto paso es desarrollar un compromiso con las prácticas diarias. Pedimos a los clientes que se comprometan diariamente (entre 30 y 45 minutos) a realizar prácticas de autocuidado y de conexión consigo mismos. A menudo los clientes dicen:

Es una gran idea. Pero no tengo tiempo. ¿No ves que soy una persona muy importante y ocupada? Pero cuando tenga tiempo, lo haré.

Nosotros decimos:

Respuesta ilegal. La vida nunca, nunca, nunca te va a dar tiempo para ti mismo. Tienes que tomarlo. Si no te lo das, no vas a poder hacer un cambio generativo sostenible. Por otro lado, te garantizamos que cuando lo tomes, tendrás más tiempo para todo lo demás en tu vida.

Ambos somos personas excepcionalmente ocupadas, y hemos aprendido que, sin las prácticas diarias, probablemente estaríamos hospitalizados. Solemos recomendar un equilibrio entre *quietud/centramiento* y el *desarrollo de habilidades* o las *prácticas de ensayo*.

En ausencia de una «práctica diaria», nuestra ajetreada vida se impone y nunca «encontramos tiempo».

Prácticas de quietud/centramiento.

A la mayoría de nosotros la vida contemporánea nos encierra en un estado CRASH subyacente. Estamos atados al mundo de las máquinas: ordenador, televisión, internet, mensajes de texto, existiendo en un estado perpetuo de «hacer y hacer». Un joven residente médico de Montreal, Hans Selye (1956), desarrolló en los años 30 el concepto de estrés psicológico. Mientras hacía sus rondas en el hospital, y habiendo sido educado en el modelo del *diagnóstico diferencial* para identificar los signos de enfermedades específicas, ¡Selye no pudo evitar notar que todos los pacientes de largo plazo (¡y el personal!) parecían enfermos! Esto sugería una base compartida de enfermedad crónica, y acuñó el término *estrés* (y luego *estrés crónico*) para describir lo que llamamos un estado CRASH subyacente. Ahora se reconoce de manera general que el estrés (o el CRASH crónico) impide la sanación y el bienestar, por lo que consideramos las prácticas diarias del estado COACH como compromisos innegociables para tener una vida creativa.

Como ya comentamos en Coaching Generativo Volumen 1, la mayoría de los clientes ya tienen esas prácticas, y a menudo es más bien una cuestión de hacer que se comprometan a practicarlas con regularidad. Recuerda la pregunta general para identificar dichas prácticas:

> *Cuando necesitas desestresarte y volver a casa a tu ser, ¿qué es lo que mejor te funciona?*

Una persona podría decir: *la jardinería, la cocina, dar paseos por la naturaleza, el yoga o la meditación, la música o la lectura...* Estas experiencias satisfacen la necesidad psicobiológica de entrar en una especie de estado de flujo. Si no tenemos formas positivas de satisfacer esta necesidad, somos muy propensos a adicciones que intentan prescindir de nuestra presencia humana.

El yoga, la meditación, la jardinería, la conexión con la naturaleza... son solo algunos ejemplos de prácticas de quietud/centramiento que puedes adoptar.

A algunos clientes les resulta muy difícil soltarse o relajarse por completo, por lo que a veces es necesario empezar por desarrollar las experiencias de quietud/centramiento durante la sesión. El *coach* generativo siempre tiene sus «antenas» sintonizadas con cualquier signo de resonancia positiva, por ejemplo, cuando se menciona de forma casual algún gran libro o película vista recientemente, el recuerdo de una actividad favorita de la infancia, el enternecimiento que se produce cuando se menciona a un amigo o persona especial. Todos estos son portales hacia la resonancia cuántica de un estado COACH, y soplamos sobre ellos como si fueran débiles brasas, generando lentamente el calor y la luz iluminadora de un fuego COACH.

Cuando el cliente se conecta al menos periódicamente con las experiencias COACH, estas pueden usarse tanto para la motivación positiva como para la negativa. Es decir, usas las experiencias positivas para señalar cómo puede ser la vida, y cómo pueden ser las actuaciones creativas y las relaciones personales cuando están basadas en estados COACH. Luego puedes comparar eso con lo que ocurre cuando una persona vive en CRASH: el odio a sí mismo, la infelicidad, la falta de desarrollo creativo, etc. Queremos establecer una comparación clara para que sepas la persona que puedes ser cuando practicas el autocuidado, y también la persona en la que te conviertes cuando no lo haces. Esta «doble conciencia» es especialmente clarificadora y motivadora, porque ves lo mucho que está en juego y que tienes el poder de ser «la diferencia que marca la diferencia».

Cuando estoy en estado COACH, mi imaginación es un recurso creativo, pero cuando estoy en CRASH, es una fuente de ansiedad (nota del ilustrador).

Desarrollo de habilidades y prácticas de entrenamiento mental

Como complemento a las prácticas de quietud están aquellas que se enfocan en el desarrollo de habilidades y los entrenamientos mentales. Puede ser útil practicar cualquiera de las técnicas de CG que se llevan a cabo en las sesiones. Por ejemplo: *las tres conexiones positivas, las tres energías arquetípicas, la comunidad de recursos, tocar a los demás con tu intención, el modelado somático de las danzas de objetivos/obstáculos, etc.* Puede ser especialmente útil hacer danzas lentas, tipo taichí, en torno a patrones CRASH de larga duración, como por ejemplo colapsar bajo la crítica, responder al estrés con respuestas de adicción, sentirse impotente y abrumado. Hemos visto que podemos conectar con la estructura profunda subyacente y la intención positiva de tales patrones a través del modelado somático, y luego transformarlos en recursos a través de las versiones COACH de los mismos modelos somáticos.

Nunca asumimos que los patrones negativos desaparecerán para siempre. También aseguramos a los clientes que es aplicable el principio chino de la *impermanencia*, especialmente a las experiencias positivas. Al reconocer que las experiencias CRASH nos visitarán durante el resto de nuestra vida, nos damos cuenta de que el enfoque más práctico es mantener una relación positiva con ellas. Llegamos a apreciarlas como si representaran las mejores formas que teníamos de enfrentarnos a circunstancias abrumadoras, y ahora las valoramos como «banderas rojas» que señalan la necesidad de volver a casa, al estado COACH. Al practicar formas de dar la bienvenida a las respuestas CRASH y deslizarlas hacia las conexiones COACH, nos hacemos amigos del enemigo y detenemos la guerra.

Al igual que con las prácticas de aquietamiento, pedimos a los clientes que seleccionen las prácticas de entrenamiento/desarrollo de habilidades que mejor se adapten a ellos. Una opción muy popular es la práctica de la línea de tiempo diaria, en la que el cliente visualiza una línea de tiempo para la agenda de ese día, y luego la recorre lentamente de manera generativa. La persona podría dedicar entre diez y quince minutos a la quietud, luego ponerse de pie y moverse lentamente a través de los seis pasos. En cada uno de los pasos, la persona avanza hacia él:

Practiquemos la creación de una línea de tiempo de tu día...

Primer paso (Campo COACH): Y ahora empiezo con una conexión COACH conmigo misma... *(modelo somático)*... y con el mundo en general... *(modelo somático, pausa)*... y al abrirme al mundo, veo el día frente a mí... *(modelo somático, pausa)*.

Segundo paso (Intención positiva): Y mientras veo el día frente a mí, percibo: *¿Qué es lo que realmente quiero aportar al mundo hoy? (modelo somático, pausa)*... Haz la declaración..., pausa para asimilar... *(modelo somático, quizás repetido varias veces)*.

Tercer paso (Estado generativo): Y mientras camino por este pasaje hoy, recuerdo las tres conexiones: *centro (modelo somático)..., intención (modelo somático)..., recursos (modelo somático)...* Y algunos de los recursos a los que quiero estar especialmente conectada son... *(nombra los recursos, represéntalos somáticamente)...*

Cuarto paso (Pasos de acción): Y a lo largo de este día, me comprometo a dar pequeños pasos hacia adelante... llevando mi intención al mundo... *(modelo somático)* paso a paso..., este movimiento..., *esta respiración*..., poco a poco..., volviendo siempre al estado COACH... *(modelos somáticos)*. Intención..., recursos.., pasos de acción *(modelo somático)*...

Quinto paso (Obstáculos): Y mientras avanzo, hoy habrá algunos puntos difíciles..., conversaciones que me provoquen reacciones (modelo somático)..., y encontraré una manera de conectar y encontrar respuestas COACH para mí y la situación..., (unos momentos para el modelado somático)..., personas que me provocan reacciones (modelo somático lento en estado COACH)..., y encontraré una manera de conectar y encontrar respuestas COACH para mí y la situación..., (unos momentos para el modelado somático)... habrá resultados que me decepcionen (modelo somático con estado COACH)... y encontraré una manera de conectar y encontrar respuestas COACH para mí misma y la situación..., (unos momentos para el modelado somático)... hay tantas experiencias que van a pasar de CRASH a COACH, que tengo ganas de vivir el día de hoy... (modelo somático).

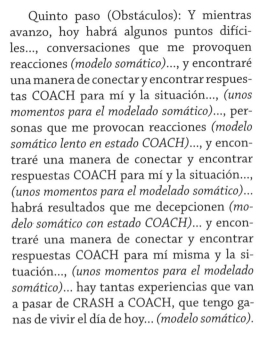

Sexto paso (Integración/Orientación hacia el futuro): Y al ir avanzando de esta manera a lo largo del día, me encuentro al final del día... (modelo somático, pausa)... cansada, pero feliz..., (modelo somático)... el reconocimiento del trabajo bien hecho, de haber dado un esfuerzo sincero y completo..., (modelo somático)... y así, un momento de integrar..., (modelo somático)... de expresar gratitud..., (modelo somático)..., de descansar un poco (modelo somático)... y de decirle al mundo: ¡Volveré!

Como en todo lo relacionado con el Coaching Generativo, sentimos curiosidad por lo que ocurre en cada uno de estos procesos, y utilizamos creativamente cada respuesta como información positiva de «feedback y para mirar al futuro».

Unas pocas preguntas.

L: *¿Y si uno de los objetivos es:* «Lo que quiero crear en mi vida es más disciplina»?

S: *Bueno, primero queremos un contexto más específico: ¿en qué área de tu vida crear una mayor disciplina marcaría realmente la diferencia para ti?*

L: *Bueno, intento tener disciplina en todas las áreas. Y a veces soy realmente buena, puedo mantenerla durante tres meses. Luego pasa algo y ya no puedo más...*

S: *(Risas). Bueno, dos cosas. En primer lugar, nos gustaría ser más específicos en cuanto al contexto, porque ahí es donde están todas las dinámicas importantes. Tus patrones creativos solo se activan en conexión con algo en el mundo.*

Segundo, si he escuchado correctamente, estás diciendo algo como: Maldición, puedo «agarrarme fuerte» a eso durante tres meses, y luego la polaridad se activa. ¡Tres meses son un récord mundial de permanecer solo en un lado! *(Ambos se ríen).*

L: *¿Quieres decir que por eso me siento tan agotada y quemada?*

S: *Sí. No lo has dicho, pero podrías predecirlo. Recuerda el término de Jung de enantiodromía: no solo todo contiene su opuesto, sino que, como el símbolo del yin y el yang, todo está siempre en proceso de convertirse en su opuesto.*

Ese enfoque unilateral significa que estás manteniendo la intención desde un estado CRASH. Puedes verlo en el estado somático rígido que se produce cuando una persona está tratando de crear una «disciplina forzada». Sería útil invitar al otro lado a la conversación: ¿Qué pasaría si no te obligaras a seguir esa disciplina? ¿Qué aspecto tiene la «no disciplina»?

L: *Eeh, ¿depresión?*

S: *Sí, aquí es donde los modelos somáticos son muy útiles. Podríamos preguntar: ¿Cuál sería tu modelo somático de disciplina?*

La clienta recibió la tarea de su *coach*... de escribir un diario. Pero se sentía ansiosa.

Lo primero que hay que hacer es «relajarse» y dar la bienvenida al CRASH.

(L., riéndose ligeramente, pone una mano hacia delante como si fuera un golpe de karate. El cuerpo está muy rígido).

S: *Y luego lo contrario: Si no fueras disciplinada, ¿cuál sería tu modelo somático?*

(L., con los ojos cerrados y la lengua fuera, ladea la cabeza).

S: *Genial. Ese sí que parece más divertido. ¿Supongo que había una regla sobre ser juguetona y hacer el tonto cuando eras una niña?*

L: *Sí, era muy estricta.*

S: *Entonces, ¿un cuerpo relajado significaba...?*

L: *Yo somatizo mucho, me pasan cosas que me impiden trabajar. Acabo de tener una tendinitis, y he tenido sinusitis. Así es: mi cuerpo reacciona así. Sí.*

S: *Bueno, ahí puedes escuchar las dos partes en conflicto: me enfermo tanto que no puedo trabajar. Pero ese estado de «no trabajar» contiene tanto dolor y tensión...*

L: *Has dado en el clavo...*

S: *Así que la práctica consistiría en desenredar los dos lados —el trabajo disciplinado y la entrega profunda, por un lado, y el no hacer, por el otro— y luego practicar las versiones COACH de esos dos lados. Sé que es diferente del punto de partida, pero espero que tenga sentido cómo hemos llegado hasta aquí.*

L: *Sí, realmente lo tiene.*

S: *Recuerda que cada patrón —disciplina, juego, relajación— tiene una versión COACH y otra CRASH. Siempre nos aseguramos de que el contexto COACH esté presente, de lo contrario todo lo que hacemos termina en CRASH.*

L: *Gracias.*

S: *De nada. ¿Alguna pregunta más?*

K: *Le pedí a mi clienta que llevara un diario de sus actividades, y salió el tiro por la culata. Terminó quedándose despierta durante horas, sintiéndose cada vez más ansiosa por tratar de entender por qué estaba teniendo dificultades. ¿Alguna sugerencia?*

S: *Sí. Primer paso, relájate... Recuerda que, cuando tu cliente entra en estado CRASH, tus neuronas espejo se encargan de que tú también lo hagas. Así que, siente el CRASH, céntrate, entra en estado COACH... y luego encuentra una manera de decir auténticamente: eso es interesante, estoy seguro de que tiene sentido. Hablo en serio.*

El patrón básico parece ser que cuando tenía una tarea de escritura, entraba en CRASH y se dejaba llevar por este estado. En esa perturbación está el espíritu creativo más profundo del cliente. Solo tienes que abrir un espacio COACH y calmarte. A veces, la ansiedad es especialmente desafiante, porque los clientes tienen esta habilidad del derviche giróvago de tomar el más pequeño e inocuo detalle y transformarlo rápidamente en una hipnosis ansiosa. Por lo tanto, te dejas caer en tu centro, sin rastrear ni tratar de interrumpir su mente verbal, y sientes una conexión con la persona por debajo del tornado verbal. Cuando tu centro toca el suyo, simplemente te sintonizas límbicamente con eso. Empezará a sentirte, sentirá un poco de curiosidad. Entonces te puedes encontrar diciendo amablemente algo como: «Tal vez podríamos añadir otras posibilidades a las tareas de escritura». *Como un espíritu juguetón, amable y delicado, reflejas que eso toca una respuesta CRASH profunda, y quieres invitar a esa parte a la conversación. Entonces, probablemente querrás, muy delicadamente, despertar la curiosidad sobre cómo esa parte podría querer jugar o sentirse amable..., algo complementario a su comprensión cognitiva. Recuerda lo que hemos estado diciendo: cuando haces sugerencias o pides a los clientes que hagan tareas, nunca sabes lo que eso va a tocar. Pero como diría Milton Erickson:* tengo mucha curiosidad por descubrirlo. *Y luego lo importante: lo que surja en la conversación probablemente forme parte del holón de actuación del cambio generativo. Solo tienes que encontrar la manera de darle la bienvenida compasivamente a la conversación. Entonces, encontrar una conexión COACH con esa parte, o esas partes, se convierte en una parte integral del trabajo de la sesión y de las tareas. ¿Tiene sentido?*

K: *No lo habría tenido hace seis meses, pero ahora tiene mucho sentido. ¡Gracias!*

S: *De nada.*

Entonces siente auténtica curiosidad sobre cómo apoyar de la mejor manera a tu cliente.

Resumen

Todo lo que hacemos en una sesión es una preparación para lo que una persona hace en su vida cotidiana. Las sesiones no tienen más valor que los cambios que la persona experimenta después. Así que vemos el Coaching Generativo como una conversación entre dos mundos. Damos un paso atrás de actuar en el mundo para abrir un lugar seguro para la conexión generativa y el rediseño, y luego seguimos por el puente hacia los cambios que han de efectuarse en la realidad exterior.

El trabajo dentro de la sesión se beneficia al desprenderse de todos los mapas fijos y las respuestas condicionadas, para nadar en un océano conversacional de infinitas posibilidades. Pero a medida que una sesión comienza a avanzar hacia su finalización, iniciamos una especie de inversión, centrándonos en cómo las transformaciones de la sesión pueden encajar en los «enlaces y vicisitudes» de la vida cotidiana del cliente. Por supuesto, esperamos que se produzcan cambios profundos en la calidad subyacente de las conexiones del cliente —en su cuerpo, emociones, pensamientos y conexiones relacionales con los demás—, de manera que las fijaciones se vuelvan fluidas, los obstáculos abran recursos y el movimiento y la sensación somáticos se parezcan más a una danza que a una máquina bloqueada. A lo largo de la sesión, orientamos el futuro hacia nuevas posibilidades en su vida real, con la esperanza de alimentar una consciencia que convierta cada punto de desafío en infinitos caminos posibles de respuesta.

Hacemos hincapié en que la vida es, ante todo, un arte escénico que requiere un entrenamiento diario de la mente y el cuerpo. Vivir en este «filo de aprendizaje» que te lleva cada vez más lejos en la vida requiere mucha práctica. ¡Ser espontáneo es un trabajo duro! El enfoque del sexto paso —especialmente las «torres gemelas» del compromiso con el logro de objetivos y las prácticas diarias cuerpo-mente— es lo que realmente convierte el sueño en una realidad más allá de las palabras. Es bueno saber que esto es posible, y es genial darse cuenta que el Coaching Generativo es una tradición que lo sustenta. ¿Qué más se puede pedir?

Cuatro cuartetos

Debemos estar quietos y aún así en movimiento
Hacia otra intensidad
Para una ulterior unión, una más profunda comunión
A través del frío oscuro y la vacía desolación,
El grito de la ola, el grito del viento, las vastas aguas
Del petrel y la marsopa. En mi fin está mi comienzo.

—T.S. Eliot

Capitulo 8

Practicar la estructura profunda: Los seis pasos en una sesión con tiempo limitado

Para comenzar a dar el cierre a este segundo volumen, recordemos la base del modelo de Coaching Generativo: la consciencia crea la realidad a través de múltiples niveles y seres vivos. Es un gran océano que respira, dando a luz a interminables olas de formas vivas. Los humanos somos un tipo especial de ola, con el don evolutivo de poder representar realidades potenciales y luego organizarse para realizarlas. Esto hace que la creatividad sea la cualidad fundamental de la conciencia humana.

El cambio generativo ve la creatividad humana como un «holón de actuación» que contiene seis dimensiones básicas: (1) mapas del estado actual, (2) estado deseado, (3) *imágenes de logro* (planes de acción para alcanzar el estado deseado), (4) recursos para apoyar el viaje, (5) obstáculos que transformar e integrar, y lo más importante, (6) el campo creativo para sostener y utilizar creativamente cada dimensión. Vemos que la acción intencional a menudo se realiza con un bloqueo neuromuscular, que paraliza el campo creativo y bloquea los mapas de representación en partes separadas e insensibles al *feedback*. Esta congelación se ve agravada por el estrés, y tiene como resultado la incapacidad de vivir el momento presente y avanzar de forma positiva.

Esta incapacidad de vivir creativamente el propio potencial es una parte integral de lo que lleva a las personas al Coaching Generativo. El CG trabaja con el modelo de seis pasos:

1. Abrir un campo COACH.
2. Establecer una intención positiva.
3. Desarrollar un estado generativo.
4. Pasar a la acción.
5. Transformar los obstáculos.
6. Prácticas para mantener y profundizar el cambio.

Esperamos que estos dos primeros volúmenes den sentido a lo que esto significa a nivel práctico y que en este punto tengas un registro de los diferentes niveles de los seis pasos. Cada paso es un principio que puede utilizarse de infinitas maneras, algunas de las cuales surgen de conexiones conversacionales únicas en una sesión determinada.

A nivel básico, los seis pasos se utilizan como una secuencia temporal; cada paso se desarrolla a partir del anterior, con métodos prototipo para cada paso. Pero, en el nivel más avanzado al que nos referimos en este segundo volumen, vemos que cada paso contiene todos los demás, y que cada paso tiene múltiples expresiones posibles, y la secuencia de desarrollo también.

Por ejemplo, un objetivo/intención generativo lleva implícito el campo COACH, lo que permite percibirlo como una joya brillante con muchas facetas. Sin el campo COACH, el objetivo sería una representación fija y rígida que se impondría al mundo, una situación que no produciría un cambio sostenible. También vemos que los obstáculos están implícitamente contenidos en la meta: no hay intención positiva si no se percibe un obstáculo negativo bloqueándola. Además, cada objetivo conlleva implícitamente un conjunto de comprensiones, a menudo inconscientes, sobre el aspecto del estado final y lo que hay que hacer para alcanzarlo.

Asimismo, cualquier cosa que el cliente traiga a la conversación de *coaching* contiene muchos mapas representacionales fijos que no encajan con los desafíos del objetivo actual. Así que primero cambiamos el estado de partida a uno de *presencia abierta*, en el que cada representación es *fluida, sensible al* feedback *y está interconectada.* Como si se tratara de una obra de arte escénico, disfrutamos de la belleza de un proceso creativo que se desarrolla y se mueve de una forma nunca vista. Este es el núcleo del cambio generativo.

Algo paradójicamente, siempre terminamos cada módulo de formación con una versión sencilla de los seis pasos en forma de secuencia temporal. La sesión dura 35 minutos, y damos cinco minutos a cada paso, más otros cinco para procesar y obtener *feedback.* Esto no solo permite un proceso integrador para ver cómo encajan todas las piezas practicadas en el módulo, también ilumina el ritmo simple de la *estructura profunda:* limitarse a permanecer conectado a los principios centrales de cada paso. Esta práctica ayuda a que el modelo te cale en lo profundo de los huesos, de modo que no te quedes encerrado en ninguna estructura superficial fija y puedas sentir que, a través de cada sesión, discurre *un río de consciencia.*

Pasemos ahora a dar un ejemplo de ese proceso con tiempo limitado. Esta es una sesión que Steve hizo con un caballero llamado Leonid al final de un módulo de entrenamiento de CG en San Petersburgo, Rusia. Fuera de la escena hay una moderadora que va anunciando los intervalos de cinco minutos.

(Leonid sube al escenario, toma asiento; S y L se dan la mano).

S: *Bienvenido. En este último día, vamos a ver si podemos hacer un buen trabajo, sincero y útil. Me encantaría apoyarte en todo lo que pueda.*

Primer paso: Abrir el campo COACH

S: *Como en cualquier proceso, conviene establecer un lugar para centrarse, enfocarse, realmente sintonizar...* (Leonid cierra los ojos, comienza a respirar más profundamente)... *Comienza de la manera más natural y útil para... centrar tu atención, soltar las cosas que agradan al ego... y mira si puedes conectar con lo que verdaderamente quieres hacer en tu vida, y en lo que estaría genial enfocarte aquí... A continuación, siente cómo puedes encontrar el estado apropiado dentro de ti, relajado, profundamente conectado con tu corazón* (Leonid abre los ojos)..., *una determinación positiva, buena concentración, buena relajación.*

¿Hay alguna manera que sea muy útil para ti a la hora de sintonizar con ese estado COACH?

L: *Recuerdo el linaje de mis antepasados. Pienso en mi abuelo, y él me aporta esa sensación de mis raíces.*

S: *¿Lo conociste?*

L: *No, solo tenemos sus medallas al honor.*

S: *Impresionante. Fíjate en dónde sientes esa conexión con el coraje, el honor, el gran legado que vivió y transmitió tu abuelo... ¿Dónde la sientes más en el cuerpo? ¿Ese amor por tu abuelo..., ese sentimiento de orgullo y honor?*

L: (Mueve lentamente las manos sobre los muslos; luego desde el vientre hasta las rodillas, y más adelante desde el pecho hasta las rodillas).

S: (Percibiendo que algo no está del todo equilibrado, desplaza la atención a otra parte del sistema de identidad). *¿Tienes hijos, Leonid?*

L: *Sí, tres.*

S: *¿De qué edad?*

L: *12, 20 y 21.*

S: *Vaya, eso es generativo. ¿Has oído la historia de la primera ministra israelí, Golda Meir? Un periodista le dijo: «Como Primera ministra, cuando necesitas hablar con alguien, ¿a quién le hablas?».*

Ella respondió: «Eso es fácil. Hablo con mi abuela y mi nieta. Mi abuela, que ya no vive, y mi nieta, que aún no ha nacido».

L: (Se ríe un poco). *Sí, eso es genial.*

Segundo paso: Establecer la intención/el objetivo

QUIERO EXPRESAR MI DESEO DE JUGAR...

S: *Así que, sintonizando de alguna manera con ese linaje* (S refleja lentamente el movimiento que hizo Leonid, llevándose las palmas de las manos desde la frente lentamente hacia abajo)... *Tu abuelo, tú mismo, tus hijos, tus nietos en algún momento...* (Junta las palmas de las manos cerca de la frente y las mueve como las movía Leonid). *¿Qué dirías que quieres vivir más en el mundo o qué quieres crear más en tu vida?*

L: *Tengo mucha capacidad para jugar, es algo que me encanta de mí. Pero, a veces, simplemente no puedo expresarla o no encuentro un lugar para ella. Quiero expresar más estas ganas de jugar* (se inclina hacia delante y mira a Steve, muy serio), *pero de la forma adecuada.*

S: *Genial. De acuerdo.* (El micrófono de Leonid se cae y se inclina para recogerlo.

Steve responde juguetonamente diciendo: Pensé que se te había caído la cartera al suelo. Iba a distraerte). (Señala en la dirección opuesta). (Risas en el escenario). (Nota: esto era para empezar a aportar un poco más de juego a la conversación).

Pero esa sensación de querer aportar más juego, ¿en qué parte de tu vida sería en verdad genial y podría hacer que tu abuelo se sintiera muy orgulloso? Y tus hijos dirían: «¡Vaya, mira a papá!».

L: *(Se ríe un poco). En mi vida laboral, en el trabajo, hacer que mi trabajo sea más elegante, más preciso, como tocar el violín, mostrando estas ganas de jugar de una manera muy precisa y refinada.*

(Nótese que estas palabras no están connotando exactamente ganas de jugar, sino más bien lo contrario).

S: *¿A qué te dedicas?*

L: *A la psicoterapia.*

S: *¿Qué tipo de psicoterapia practicas?*

L: *Es algo que combina la terapia breve, la hipnoterapia y la hipnosis ericksoniana.*

S: *Genial. Entonces, si dejas que un modelo somático de ser juguetón* (lanza los brazos hacia afuera, se inclina hacia adelante, mirando intensamente)... *¿Cuál sería ese modelo somático?*

L: (Se inclina hacia adelante, mira a Steve). *Aquí está.* (Extiende las manos a Steve, como si le diera formalmente un regalo). (Steve lo mira como un niño, fingiendo recibir algo).

S: *Pero ahí pareces más serio que juguetón.* (Imita a Leonid).

L: *Sí.*

S: (Hace una cara y un movimiento tonto, Leonid se ríe). *¿Cómo sería algo totalmente no serio, travieso?*

L: (Riéndose, hace un gesto circular hacia adelante con una mano).

S: *¡De acuerdo!*

L: (Mueve la mano como si estuviera haciendo girar un lazo sobre la cabeza, con los brazos bien abiertos).

S: *Estupendo. Y me gustaría decirle a esa presencia* (abre los brazos): *«¡Bienvenida!».* (Hace gestos en diferentes direcciones). (Varios miembros del público, profundamente conectados desde los días anteriores, también lo expresan espontáneamente. ¡Bienvenida! ¡Bienvenida! ¡Bienvenida!).

(Mira hacia el público). *Vaya... Me pregunto cómo habría sido que este grupo hubiera sido tu familia cuando eras un niño.*

L: *Sí, habría sido bonito...*

Tercer paso: Desarrollar un estado generativo

(La voz de la moderadora indica el siguiente paso).

S: *¿Estás oyendo voces?* (Risas).

L: (Aparentemente refiriéndose a su diálogo interno). *Ellos no pensaron que la estructura sería juguetona...*

S: (Juguetonamente). *¿Estás escuchando una voz ahora?*

L: *Oigo muchas voces.*

S: *¿Y qué decía la voz?* (Voz tediosa). *«Ahora debes ir al tercer paso..., el manual dice...».* (S imita a la moderadora seria, que está marcando el tiempo para cada paso).

L: *Desgraciadamente, sí.* (Leonid parece un poco triste, sugiriendo que su estado está dominado por las voces críticas). *Pero también tengo algunas voces que quieren jugar, ir más allá con lo que estamos haciendo ahora.*

S: *Entonces, si dieras un paso para meterte dentro de una de ellas y le respondieras a ese maestro de escuela serio que está ahí* (con voz congestionada, fingiendo mirar al manual): *«Ahora, Leonid, presta atención».* (Cruza los brazos a la manera de la escuela rusa. Leonid se ríe un poco, mira hacia arriba y suspira). *¿Hiciste esto en la escuela?*

L: *Al principio, sí.* (Se cruza de brazos).

S: *Entonces, cuando el profesor dice: «Leonid, presta atención, ve al paso 3»* (vuelve a cruzar los brazos), *¿qué diría una de las voces traviesas?* (Sonríe).

L: (Se ríe, hace un gesto grosero con la mano, como de desafío a la presencia imaginaria).

S: *Creo que tu abuelo se acaba de despertar, ¿eh?* (Percibe que la expresión desafiante ha activado la presencia de su abuelo en el campo y la retroalimenta).

L: (Parece un poco sorprendido, con los ojos muy abiertos, y luego asiente con lágrimas en los ojos).

S: (Con delicadeza). *Ahora él puede empezar a descansar en paz eterna, viendo que estás empezando la sanación.*

L: (Se toca el pecho). *Sí, está cerca, lo siento cerca.* (Parece profundamente conmovido como un niño pequeño lleno de amor, soledad, confusión..)..

S: (Percibiendo que el abuelo arrastra una profunda herida emocional, pregunta con mucha suavidad). *Espero que esté bien preguntar: ¿Cómo murió tu abuelo?*

L: *Decidió quitarse la vida, fue un suicidio.*

S: *Mmmmm...* (Asiente, respira, absorbe la tristeza).

(Nota: El abuelo, que era un venerado héroe de guerra, se suicidó. Imagínate el efecto que eso tendría en el joven Leonid, especialmente en su parte juguetona).

L: *Y yo no le conocía.*

S: *¿Qué edad tenía?*

L: *40 años.*

S: *Oh. ¿Recibió las medallas en la Segunda Guerra Mundial?*

L: *Sí, en la Segunda Guerra Mundial. Era una persona muy alegre, se trajo dos acordeones y sus medallas, y de hecho completó el viaje hasta Berlín: recorrió todo el camino con el ejército ruso hasta la victoria final en Berlín.* (Nota: Leonid no conoció directamente a su abuelo, esto solo es una parte de la historia, el alegre y valiente héroe de guerra que se suicidó).

S: *Oh. Vaya. Y entonces, ¿cuánto tiempo pasó desde la guerra hasta que se quitó la vida?*

L: (Se frota las manos alrededor de las rodillas). *No he pensado mucho en ello. ¿Tal vez diez, veinte años? Creó una familia, siguió viviendo y también hubo otras mujeres, que interfirieron en que él siguiera su camino de vida.* (Nota: De nuevo, esto es parte de la historia familiar).

S: *Mmm. Mmm* (asiente). *Entonces, ¿estoy en lo cierto al percibir que tu intención de «quiero vivir una buena vida, pero también quiero mostrar un espíritu juguetón» es en parte* (se pone una mano en el corazón) *para honrar el espíritu de tu abuelo? Parece que él* (Leonid se pone una mano en el corazón) *asumió tanto sufrimiento* (Leonid se frota el corazón lentamente) *que nunca pudo recuperarse del todo.* (Steve abre bien los brazos).

Cuarto paso: Pasar a la acción

L: *Hablando de él, murió sin realizarse, sin haber logrado sus objetivos, sin sentirse realizado. Se hizo una gran celebración en el lugar donde había vivido.*

S: *¿Era el padre de tu madre o de tu padre?*

L: *De mi madre.*

S: *¿Cómo la afectó? ¿Qué tipo de persona era ella? ¿Era seria, depresiva?*

(S busca completar el mosaico de la historia familiar, con especial curiosidad por las heridas transgeneracionales que puedan estar activas).

L: *Decidida. Individualista. Y creo que tampoco se realizó del todo. Él le dijo: «Ira, lo tendrás todo», y luego murió.* (Suspira).

S: *Mmm... Estoy percibiendo que eso realmente* (indica la zona del corazón) *te golpeó fuerte* (se pone la mano en el corazón) *cuando eras niño y fue algo confuso.*

L: (Asiente con la cabeza). *Ahora, mientras hablamos, todo se va aclarando. Hasta ahora, no lo afrontaba conscientemente en mi cabeza.*

S: *Y luego tu madre y tu padre se esforzaron* (junta los dos puños). *¿Tu padre era un tipo muy serio o juguetón?*

L: *Era duro, estricto, muy duro y a veces violento. A veces cruel.*

S: *Mmmm...*

L: *Encarnaba su hombría siendo un hombre muy pero que muy duro.*

S: (Asiente con la cabeza)... *Así que te convertiste en psicoterapeuta.* (Sonríe).

L: *Sí. Él quería que yo fuera sacerdote.* (Se ríen). *Pero me dediqué a la terapia.*

S: *Gracias a Dios. Sería una terapia de larga duración si hubieras dicho «sí» a su orden de ser sacerdote.* (Ambos se ríen un poco más).

Así que, con todo ese dolor y sufrimiento en la familia, y con todo el amor que sientes por tu familia, parece que... ¿Cuántos años tienes?

L: 46.

S: *Si estoy escuchando bien, parece que has llegado a un punto en el que sientes que para expresar realmente mi amor por mi familia sin... perderme en la forma en que mi madre lo hizo a su manera, y mi padre lo hizo a su manera, necesito ser amoroso, serio y juguetón.* (Sonríe, abre los brazos).

L: *Sí, distinto de ellos.*

(Todo esto sugiere un campo transgeneracional de violencia y sueños incumplidos, lo que hace que Leonid no pueda cumplir con su intención de vivir desde el juego como una forma de sanarse y sanar las heridas de su familia).

Quinto paso: Transformar los obstáculos

S: *Sí. Así que tal vez podamos ponernos de pie.*

(Se ponen de pie, Leonid se coloca en un lugar que representa el presente).

(Nota: Cuando un estado emocional parece bloqueado o pesado, a menudo es de ayuda cambiar de postura, sobre todo poniéndose de pie y moviéndose un poco).

S: *Entonces, estás aquí con esta sensación de tengo 46 años, puedo sentir que desde mi pasado me atraviesa este asombroso coraje e integridad de mi abuelo, y el reconocimiento que recibió, y cómo lo contuvo tanto en su interior que terminó quitándose la vida.*

L: (Asiente, su mano se toca el corazón).

S: *De alguna manera, has cargado con eso toda tu vida.* (Leonid asiente)... *Y luego, sintiendo a ambos, a tu madre y a tu padre, ¡cuánto amor sentiste conectando con cada uno de ellos!* (Leonid inhala y exhala profundamente), *y cómo finalmente ellos se reprimieron...*

Y ahora, es como que te lo han (Steve hace un gesto desde detrás de Leonid hacia él) *transmitido a ti* (Leonid asiente) *en cuanto a cómo llevas la seriedad, la historia del trauma, el deseo de honrar a tu familia y de ser una buena persona... Y, entonces, algo dentro de ti te sugiere que probablemente vas a tener que elegir conscientemente ser juguetón todos los días de tu vida* (abre los brazos con cierto ánimo juguetón), *precisamente porque la vida es muy seria.*

L: (Asiente con la cabeza).

S: *La única manera de hacerlo sin sentirte suicida, o enfadado, o deprimido es: frente a la seriedad* (abre los brazos, da un paso hacia el lugar del futuro y se queda ahí), *el juego. Eso es lo que te escuché decir, ¿te he escuchado bien?*

L: (Asiente). *Sí, lo has entendido muy bien...*

S: *Así que tal vez podamos hacer ese proceso. Cada día que pasa, puedo sentir el dolor* (Leonid se pone la mano en el cuerpo), *la pérdida, la violencia... y debido a eso* (Steve abre los brazos juguetonamente) *juego. Tal vez podamos representar eso con un movimiento* (da un paso adelante, abre los brazos en diagonal).

L: (Se ríe, abre los brazos, da un paso adelante, chasquea los dedos, avanza).

S: *Y luego hacer una pausa* (levanta juguetonamente las manos a lo flamenco) *y sentir; en parte hago esto porque cargo con el dolor de mi familia* (abre los brazos).

L: (Abre bien los brazos).

S: *Lo siento, no huyo de ello.* (Steve abre los brazos como si sostuviera algo, luego los abre hacia arriba y los deja bien abiertos).

L: (Asiente con la cabeza y abre más los brazos. Steve comienza a hacer movimientos juguetones con los brazos. Leonid se ríe y

comienza a bailar en el lugar, moviendo los brazos).

S: *Entonces, tú puedes dejarme ver tu dolor.*

L: (Se pone serio, asiente, se toca el corazón por un momento).

S: (Hace una señal ruda con la mano, comienza a hacer caras juguetonas como un niño pequeño para empezar a integrar la intención de jugar con el obstáculo de la seriedad basada en el trauma).

Sexto paso: Prácticas para profundizar en los cambios

(Ambos se mueven donde están, riéndose).

L: *Oigo la voz de mi abuelo que me dice: ¡Bribón!*

S: *¿Y cómo respondes al serio capataz* (señalando a la moderadora del tiempo) *que dice: ¡Presta atención y sigue las reglas!* (Cruza los brazos rígidamente a la manera de los niños rusos). *¡Se supone que ahora estás en el sexto paso!*

L: (Abre los brazos hacia la moderadora, como invitándola a jugar). *¡Ven, dulce mujer, por favor, únete a nosotros!* (Risas).

S: (Saluda a la moderadora, se mueve muy juguetonamente, como si fuera un joven Leonid desafiante). *¡Estoy prestando atención! Así es como presto atención.* (Steve cruza los brazos y comienza a hacer movimientos de danza rusa, canta un poco).

L: (Todavía riendo un poco, hace movimientos de baile relajados).

(El público aplaude, ríe..)..

S: (Serio, suave). *¿Y qué imaginas que tus hijos están haciendo ahora mismo?* «¡Mira a papá!». *¿Qué crees que piensan tus hijos de todo esto?*

L: (Se pone la mano en el corazón, contemplando y sintiendo). *El mayor piensa: Papá está loco... Mi hija, es más como que toma distancia* (hace un gesto de lejanía). *Está estudiando para ser médica, ella es como* (muestra una cara muy seria)..., *pero el pequeño, simplemente se une a nosotros.*

S: *Bueno. Yo me puse esmalte en las uñas de los dedos de los pies dos veces. Estaba en este retiro de supervisión, y pasaba por allí y había cuatro o cinco mujeres sentadas en el suelo, pintándose las uñas de los pies. Y les dije: ¡estoy tan celoso! Quiero decir, ¿no crees que es una de las grandes cosas que las mujeres pueden hacer* (hace un gesto de pintarse los labios y maquillarse, de estar radiante)? *Ya sabes, como chicos, nosotros* (mira su cuerpo, se queda tieso, con la cabeza hacia atrás y un gesto de «no»).

(Leonid se ríe, el público se ríe).

Y una de las mujeres tomó un esmalte de color morado y me lo ofreció. (Steve entonces modela el pánico y el horror, ante las risas de todos). *¿Yo? ¿Ser sensual? ¿No ser serio?*

Y la mujer dijo: Bueno, ¿qué tal si lo pruebas con una uña del pie? (Steve modela el sentir curiosidad, reflexionando..).. *Era verano y yo llevaba sandalias, así que me senté con ellas y me pinté la uña del dedo gordo del pie de color morado..., ¡un morado radiante y escandaloso! Volví a casa, creo que en ese momento mi hija tenía 15 años, y lo vio y me dijo: Papaaaaaaá, eso es tan repugnante. Me estás avergonzando.* (Steve modela el horror de su hija).

Yo dije: de acuerdo, me lo quitaré. Pero una vez que lo pruebas, quieres más. Así que tal vez seis o siete años después, me pinté dos uñas de los pies. Volví a casa, creo que para entonces Zoe tenía 22 años, y dijo: Genial, papá, ¿por qué no te has hecho todos los dedos de los pies?

(Steve y Leonid se ríen juntos al compartir las «historias de padres» de una hija que al principio no soporta que su padre se ponga juguetón).

S: *Leonid, tienes un aspecto genial cuando te ríes... Es una forma hermosa, creo, de llevar la tristeza de la vida con dignidad y desafío. Creo que ahí es donde los irlandeses y los rusos comparten tanto.*

L: (Cierra los ojos, se toca el corazón, inhala y exhala profundamente, como si estuviera integrando algo muy profundo).

S: *Y ya sabes, el sentimiento de amor que tienes y que es tan profundo. Y con eso, soportar el sufrimiento y el amor por tu familia... y precisamente por eso, comprometerte con el juego como un bálsamo para el alma.*

L: (Asiente, cierra los ojos).

S: *Es un buen equilibrio, ¿no?* (Leonid asiente). *Así que, cuando sientas ese dolor, recuerda siempre que nuestra forma de expresar ese dolor de manera amorosa hacia nosotros mismos, y hacia todo y todos los que amamos* (hace signos de paz, luego una señal grosera con la mano y otra de «paz») *es que insistimos en jugar.*

(Mira al público, que ha estado muy presente y dando apoyo). *¿Hay algo que quieras decir a la comunidad aquí presente?*

L: (Se ríe, se vuelve hacia el público y abre los brazos).

(Aplausos).

S: *Impresionante. ¿Está bien si lo dejamos aquí?*

L: *Sí, está muy bien.*

S: *Buena suerte. Realmente te siento dispuesto y capaz de ir a un buen lugar esencial. Y, probablemente, en este trabajo has podido ver de lo que estábamos hablando: lo importante que es equilibrar la ternura, la fiereza y el juego.*

(Al público). *Así que, como habéis podido ver en esta sesión, la intención declarada era bastante simple y directa: quiero ser más juguetón en mi vida, especialmente en mi trabajo. También habéis podido ver que cuando comunicaba esa intención, su comportamiento verbal y no verbal era de todo menos juguetón. Así que, operando con esta actitud de que estoy seguro de que esto tiene sentido, no costó mucho descubrir que su historia familiar no apoyaba el carácter juguetón: los traumas de la guerra, los suicidios, el divorcio, el padre abusivo, etc.*

Nos interesaba ver cómo podían juntarse e integrarse todas estas partes: el anhelo de juego, la lealtad, el sufrimiento, los recursos familiares... Les hemos dado la bienvenida al dolor y al sufrimiento, y los hemos definido como un apoyo para el juego. Cuando a cada parte del sistema se le reconoce, se le da la bienvenida y se le incluye, es posible un cambio generativo sostenible. El modelo de seis pasos nos ayuda a identificar estas partes, pero su utilización no lineal es lo que finalmente permite la integración generativa.

Leonid, muchas gracias por compartir una parte profunda de tu viaje. Sé que he recibido mucho de tu proceso en términos de mi propio viaje personal de sanación y desarrollo, y sospecho que muchas, si no la mayoría, de las demás personas que hay en la sala también. (El público asiente con la cabeza y ovaciona a Leonid).

Practicar la Estructura Profunda

1) ESTADO COACH E INTENCIÓN

2) RECONOCE EL CRASH Y LOS OBSTÁCULOS CUANDO APAREZCAN

3) TRANSFORMAR LOS OBSTÁCULOS RECONOCIENDO LAS COMPLEMENTARIEDADES

196. Practicar la estructura profunda: Los seis pasos en una sesión con tiempo limitado

4) ESTABLECE PRÁCTICAS
PARA CREAR EL CAMBIO
SOSTENIBLE

Resumen

El Coaching Generativo es un proceso de *flujo disciplinado*, un método para despertar la creatividad profunda. Esta consciencia creativa tiene dos niveles: (1) *la totalidad ininterrumpida* de la unidad de la vida (pasado, presente y futuro) y (2) una partición y «mapeo del territorio» en muchas partes. Cuando se siente la conexión con la totalidad, la integración de las partes permite una transformación profunda de gran importancia. Este es el proceso general de todas las artes escénicas, y nosotros situamos al Coaching Generativo dentro de ese ámbito.

La primera condición necesaria es abrir un campo COACH para el *coach*, el cliente y la relación. A continuación, una conexión hábil de las partes en un mosaico integrado es lo que transforma los filtros de representación que crean la experiencia. El modelo de seis pasos detalla las dimensiones centrales que intervienen en el proceso. A medida que se diferencian y se actualizan generativamente, se abre el potencial para que ocurran milagros. Esta es, para nosotros, la verdadera estructura de la magia.

200. Practicar la estructura profunda: Los seis pasos en una sesión con tiempo limitado

Conclusión

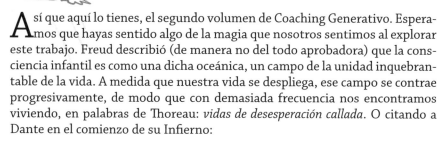

Así que aquí lo tienes, el segundo volumen de Coaching Generativo. Esperamos que hayas sentido algo de la magia que nosotros sentimos al explorar este trabajo. Freud describió (de manera no del todo aprobadora) que la consciencia infantil es como una dicha oceánica, un campo de la unidad inquebrantable de la vida. A medida que nuestra vida se despliega, ese campo se contrae progresivamente, de modo que con demasiada frecuencia nos encontramos viviendo, en palabras de Thoreau: *vidas de desesperación callada*. O citando a Dante en el comienzo de su Infierno:

Aquí estoy, en la mitad de mi vida, habiendo perdido completamente mi camino.

Las señales abundan, pero el espíritu está eternamente libre de heridas y no es posible herirlo. Esto se manifiesta en la pasión por el desarrollo creativo y por las comunidades, así como en el sufrimiento en que se incurre cuando no llegamos a realizarlos. En el Coaching Generativo vemos chispas de vida tanto en el sufrimiento como en la alegría, y buscamos avivar lentamente esas brasas hasta convertirlas en fuegos creativos que calienten e iluminen el camino.

Lo que parece claro es que no hay una fórmula fija ni un texto fundamental que nos guíen, pero hay muchos caminos que la conciencia creativa puede recorrer y que tienen corazón y alma, así como éxito creativo. Esperamos que este segundo volumen te dé una idea más profunda de cómo puedes sustentar este proceso en ti mismo y en los demás. Estamos a mitad de camino de la serie, y esperamos poder ofrecerte pronto los dos próximos volúmenes.

¡Todo lo Mejor!

Steve y Robert

Anexo A

Plantilla para la información del cliente

NOTA: ESTO ES UN MODELO DE FORMULARIO. TODA RECOPILACIÓN DE DATOS DEBE CUMPLIR CON LAS LEYES Y NORMATIVAS DEL LUGAR DONDE TENGAS TU LICENCIA PROFESIONAL.

Nombre:_____

Dirección:_____
      Calle   Localidad Provincia   CP

Teléfono(s):_____
      Casa   Trabajo

Email:_____

Fecha de nacimiento:_____ Lugar:_____

N° Seg. Social:_____ DNI: _____

Ocupación actual:_____ N° años:_____

Trabajos anteriores:_____ N° años en cada uno_____

Formación:_____

_____

Afiliación religiosa pasada y presente:_____

_____

_____

Estado civil / Historial de relaciones con compromiso:

_____

_____

Padres y hermanos:

Para cada uno de ellos, indica el nombre, edad, estado civil, ubicación actual y profesión:

_____

_____

_____

Hijos (si los hay).

Por favor, indica el nombre y la edad:

_____

_____

_____

Objetivo(s) de la sesión:

_____

_____

_____

Experiencia previa en terapia/*coaching*

_____

_____

_____

Antecedentes de abuso de drogas/alcohol o traumas significativos en ti y/o en tu(s) familiar(es):

_____

_____

_____

Otros acontecimientos clave que son relevantes en tu vida:

_____

_____

_____

Por favor, indica los medicamentos que tomas actualmente:

_____

_____

_____

Aficiones/Intereses:

_____

_____

_____

Habilidades/Fortalezas:

_____

_____

_____

¿A quién puedo agradecer esta recomendación?

_____

_____

_____

Anexo B

Formulario previo a la sesión de Coaching Generativo

En Coaching Generativo hemos descubierto que hay seis pasos o áreas importantes para lograr la creatividad sostenible: (1) entrar en un estado (COACH) positivo; (2) conectar con objetivos positivos; (3) desarrollar y mantener estados de actuación creativos; (4) trazar planes de acción en la línea de tiempo; (5) superar los obstáculos; y (6) establecer prácticas diarias. Por favor, anota tus mejores respuestas a estos seis elementos, para ayudarnos tanto a ti mismo como a mí en el trabajo.

1. Tus formas positivas de conectar contigo mismo. Por favor, enumera al menos varias de las mejores maneras de encontrar una conexión positiva contigo mismo (por ejemplo, paseos por la naturaleza, música, mascotas, respiración/meditación, etc).

2. Objetivos/intención positivos. Lo que más me gustaría crear/experimentar/lograr en mi vida es _____. Escribe al menos varias respuestas positivas, es decir, experiencias que te gustaría tener. Sé lo más específico posible en cuanto a con quién; en qué contexto (personal, profesional, propio). Identifica una breve declaración verbal (siete palabras o menos), además de una o varias imágenes en color, y un movimiento somático para representar tu objetivo/intención.

3. Estado creativo. Tu forma de pensar/sentir/actuar solo es tan buena como tu estado subyacente. Identifica los recursos de que dispones (personas, lugares, seres históricos o espirituales, antepasados, maestros) que te permiten acceder a un estado positivo. Identifica también las formas de cultivar un estado de actuación positivo.

4. Planes/plazos. ¿Qué cambios piensas que necesitas introducir para lograr tu objetivo? ¿Qué acciones debes emprender? ¿Qué conexiones necesitas establecer?

5. Obstáculos. ¿Qué estados emocionales crees que te impiden lograr tus objetivos? ¿Qué relaciones crees que necesitas cambiar/reparar? ¿Qué otras cuestiones internas o externas crees que pueden impedirte lograr tus objetivos positivos?

6. Prácticas diarias/tareas: ¿Tienes alguna/s práctica/s diaria/s para sintonizarte y conectar contigo mismo? Si es así, por favor enuméralas, incluyendo cuánto tiempo les dedicas al día. Asimismo, ¿tienes alguna idea para añadir otras prácticas diarias?

Formulario de feedback de la sesión de Coaching Generativo

Cualquier resultado positivo de nuestro trabajo depende de recibir mucha retroalimentación honesta. En relación con esta sesión, por favor valora lo siguiente utilizando una escala del 1 al 10 (donde de 1 a 3 = nada o poco; de 4 a 7= algo, pero no del todo; y de 8 a 10 = mucho o completamente). Siéntete libre de incluir cualquier comentario adicional.

1. Me sentí escuchado, comprendido y respetado.	
2. Nos centramos en lo que realmente quería/necesitaba.	
3. El planteamiento me encaja.	
4. Me faltó algo en la sesión.	
5. Siento más confianza en que alcanzaré los objetivos que me propongo.	
6. Me siento más abierto y creativo con respecto a mis estados negativos.	
7. Mi valoración general de la sesión.	
8. Otros... Por favor, incluye cualquier comentario adicional.	

Formulario posterior a la sesión de Coaching Generativo

Ahora que hemos trabajado un poco, vamos a revisar tu conexión con lo que llamamos los seis elementos del cambio generativo. Por favor, reflexiona y escribe sobre tu relación actual con los seis elementos.

1. Tus formas de conectar positivamente contigo mismo. Nota cualquier cambio en la facilidad, la frecuencia, la estabilidad o la forma de desarrollar tus estados positivos.

2. Objetivos positivos/intención. ¿Han cambiado tus objetivos/intención? En una escala del 1 al 10, ¿en qué medida has logrado tus objetivos? ¿Qué queda por hacer?

3. Estado creativo. En cuanto a desarrollar un estado de actuación positivo, en el que puedas sentir/pensar/actuar de forma creativa, ¿en qué medida eres capaz de hacerlo ahora? ¿Cuáles son tus mejores maneras de hacerlo? ¿Qué necesitas trabajar en este sentido?

4. Planes/plazos. ¿Cuántas líneas temporales claras has podido desarrollar? ¿Qué pequeños pasos son todavía necesarios? ¿Llevas un registro de los objetivos específicos y de los logros diarios?

5. Obstáculos. ¿Qué grado de cambio has experimentado con respecto a los estados negativos que antes te abrumaban? ¿Cuáles han sido los mayores desafíos con respecto a ir afrontando, transformando y comprometiéndote creativamente con los obstáculos negativos?

6. Prácticas diarias/tareas: ¿Qué prácticas diarias tienes, con qué frecuencia las prácticas y cuál es tu «nivel medio» de bienestar?

Diferentes tipos de feedback

1. Antes de la sesión:

    b. Políticas de la consulta.

    c. Información biográfica.

    d. Objetivos específicos: seis «elementos de actuación» del CG.

2. Durante la sesión:

    b. Resonancia no verbal.

    c. «Preguntas cruzadas» verbales/no verbales.

    d. Comprobación frecuente de los «pedacitos» (¿es esto correcto?).

3. Al final de la sesión:

    b. Breve formulario de *feedback*.

    c. Breve comentario/«planificación» de tareas para casa.

    d. (Opcional) *Feedback* sobre los seis elementos del CG.

5. Después de la sesión:

    a. *Feedback* sobre los seis elementos del CG.

    b. Comienzo de la siguiente sesión: Reflexiones/*feedback*/fijación de objetivos para el presente.

Bibliografía

*Bateson, G. (1972). *Steps to an Ecology of Mind*. New York: Ballantine Books.

*Csíkszentmihályi, M. (1991). *Flow: The psychology of optimal experience*. Nueva York: Harper Perennial.

*Csíkszentmihályi, M. (1996). *Creativity: Flow and the Psychology of Discovery and Invention*. Nueva York: Harper Perennial.

* Dilts, R. (2003). *From Coach to Awakener*. Santa Cruz: Dilts Strategy Group.

* Dilts, R. (2015-2017). *Success Factor Modeling, Volumes I-II*. Santa Cruz: Dilts Strategy Group.

* Dilts, R. (1990). *Changing Belief Systems With NLP*. Santa Cruz: Dilts Strategy Group.

* Dilts, R., & Gilligan, S.G. (2023). *Coaching Generativo, Volumen 1*. Barcelona: El Grano de Mostaza Ediciones.

* Duncan, B., Miller, S., Wampold, B., & Hubble, M. (eds). (2009). *The Heart and Soul of Change: Delivering What Works*. Washington, D.C.: APA Press.

* Eliot, Thomas Stearns. (1943). *Four Quartets*. Nueva York: Harcourt Brace.

* Erickson, M. H. (1980). *The Collected Papers of Milton H. Erickson*. Nueva York: Irvington Publishers Inc.

* Gebser, Jean. (1949). *The Ever-Present Origin: Part One: Foundations of the Aperspectival World*, (Translated by J. Keckeis). Stuttgart, Alemania: Deutsche Verlags-Anstalt.

* Gendlin, E. (1978). *Focusing*. Nueva York: Bantam.

* Gilligan, S. (2012). *Generative Trance: The experience of creative flow*. Carmathen, Wales: Crown House Books.

* Gilligan, S. (1997). *La valentía de amar: Principios y práctica de la Psicología de las interacciones del yo*. Madrid: Rigden.

* Gilligan, S. (1987). *Therapeutic Trances: The cooperation principle in Ericksonian hypnotherapy*. Nueva York: Brunner/ Mazel.

* Gilligan, S., & Dilts, R. (2009). *El viaje del héroe: Un camino de autodescubrimiento*. Madrid: Rigden.

* Goswami, A. (1993). *The Self-Aware Universe: How Consciousness Creates the World. Nueva York: Tarcher/Putnam*.

* Haley, J. (1973). *Uncommon Therapy: The Psychiatric Techniques of Milton H. Erickson, M.D. Nueva York: W. W. Norton & Co.*

* Joye, Shelli. (2017). *Tuning the Mind: Geometries of Consciousness - Holonomic Brain Theory and The Implicate Order*. Viola, CA: Viola Institute.

* Joye, Shelli. (2017). *The Little Book of Consciousness: Pribram's Holonomic Brain Theory and Bohm's Implicate Order*. Viola, CA: Viola Institute.

* Joye, Shelli. (2019). *Sub-Quantum Consciousness: A Geometry of Consciousness Based Upon the Work of Karl Pribram, David Bohm, and Pierre Teilhard De Chardin.* Viola, CA: Viola Institute.

* Koestler, A. (1964). *The Act of Creation: A study of the conscious and unconscious in science and art.* Nueva York: Macmillan.

* László, Ervin. (2006). *Science and the Re-Enchantment of the Cosmos: The Rise of the Integral Vision of Reality.* Rochester, VT: Inner Traditions.

* Laszlo, Ervin. (2007). *Science and the Akashic Field: An Integral Theory of Everything.* Rochester, VT: Inner Traditions.

* Levine, P. (2010). *In an unspoken voice: How the body releases trauma and restores goodness.* Berkeley, CA: North Atlantic Books.

* McGilchrist, I. (2009). *The Master and His Emissary. The Divided Brain and the Making of the Western World.* New Haven: Yale University Press.

* Miller, S.D., & Hubble, M.A. (2011). *The road to mastery.* The Psychotherapy Networker, 35(2), 22-31, 60.

* Miller, S.D., Hubble, M.A., & Duncan,B.L. (2007). *Super-shrinks: Learning from the Fields Most Effective Practitioners.* Psychotherapy Networker, 31, 6, 36-45, 57.

* Miller, S.D., Hubble, M.A., Chow, D.L., & Seidel, J.A. (2013). *The outcome of psychotherapy: Yesterday, Today, and Tomorrow.* Psychotherapy, 50(1), 88-97.

* O'Donohue, John. (1997). *Anam Cara: A book of Celtic wisdom.* Nueva York: HarperCollins.

*Osbon, D. (1991). *Reflections on the Art of Living; A Joseph Campbell Companion.* Nueva York: HarperCollins.

*Pribram, K. (1971). *Languages of the Brain: Experimental paradoxes and principles in neuropsychology.* Englewood Cliffs, NJ: Prentice Hall.

* Pribram, K. (2013). *The form within: My point of view.* Wet-port, CT: Prospecta Press.

* Sapolsky, R. (1988). *Why Zebras Don't Get Ulcers: An Updated Guide To Stress, Stress Related Diseases, and Coping.* Nueva York: W. H. Freeman.

* Selye, H. (1956). *The Stress of Life.* Nueva York: McGraw Hill.

* Wallas, G. (1926). *The art of thought.* Nueva York: Harcourt, Brace, and Co.

* Wangyal, Tenzin. (2002). *Healing with Form, Energy, and Light: The Five Elements in Tibetan Shamanism, Tantra, and Dzogchen.* Itacha, NY: Snow Lion Publications.

* Watzlawick, P., Weakland, J., & Fisch, R. (1974). *Change: Principles of problem formation and problem resolution.* Nueva York: Norton.

* Wilber, K. (2001). *A Brief History of Everything.* Boston: Shambhala.

*Yeshe, Thubten. (1987). *Introduction to Tantra: The transformation of desire.* Boston: Wisdom Publications.

Sobre los Autores

Robert B. Dilts

Robert B. Dilts goza de una reputación mundial como *coach*, formador en habilidades conductuales y consultor empresarial desde finales de la década de 1970. Es uno de los principales desarrolladores y expertos en el campo de la Programación Neurolingüística (PNL), y ha proporcionado *coaching*, consultoría y formación a una gran variedad de individuos y organizaciones en todo el mundo.

Junto con su difunto hermano John, Robert fue pionero en los principios y técnicas del *Success Factor ModelingTM* y es autor de numerosos libros y artículos sobre cómo se pueden aplicar para mejorar el liderazgo, la creatividad, la comunicación y el desarrollo de equipos. Además de su serie de tres volúmenes sobre *Success Factor ModelingTM*, su libro *Visionary Leadership Skills* (Habilidades de liderazgo visionario) se basa en un extenso estudio de los líderes históricos y corporativos, lo que le permite presentar las herramientas y habilidades necesarias para «crear un mundo al que la gente quiera pertenecer». *Alpha Leadership: Tools for Business Leaders Who Want More From Life* (con Ann Deering y Julian Russell) recoge y comparte las mejores prácticas de liderazgo efectivo, ofreciendo enfoques para reducir el estrés y promover la satisfacción. *From Coach to Awakener* proporciona una hoja de ruta y un conjunto de herramientas para que los *coaches* ayuden a sus clientes a alcanzar sus objetivos en diferentes niveles de cambio y aprendizaje. *El viaje del héroe: Un camino de autodescubrimiento* (con Stephen Gilligan) trata sobre cómo conectar con tu vocación más profunda, transformar creencias y hábitos limitantes y mejorar la imagen de ti mismo.

Entre sus clientes corporativos y patrocinadores se encuentran Apple Computer, Microsoft, Hewlett-Packard, IBM, Lucasfilms Ltd. y los Ferrocarriles del Estado italiano. Ha dado numerosas conferencias sobre *coaching*, liderazgo, innovación, inteligencia colectiva, aprendizaje organizativo y gestión del cambio, y ha realizado presentaciones y discursos de apertura para la Federación Internacional de *Coaching* (ICF), HEC París, las Naciones Unidas, la Organización Mundial de la Salud, la Universidad de Harvard y la Universidad Internacional de Mónaco. En 1997 y 1998 Robert supervisó el diseño de Herramientas para vivir, la parte de gestión del comportamiento del programa utilizado por Weight Watcher's International.

Robert fue profesor asociado en la ISVOR Fiat School of Management (la antigua universidad corporativa del Grupo Fiat) durante más de quince años, donde ayudó a desarrollar programas sobre liderazgo, innovación, valores y pensamiento sistémico. De 2001 a 2004 fue jefe científico y presidente del consejo de administración de ISVOR DILTS Leadership Systems, una empresa conjunta con ISVOR Fiat que ofrecía una amplia gama de programas innovadores para desarrollar el liderazgo a grandes empresas de escala mundial.

Cofundador de Dilts Strategy Group, Robert también fue fundador y director general de Behavioral Engineering, una empresa dedicada a desarrollar aplicaciones informáticas de software y hardware que hacían hincapié en el cambio de comportamiento. Robert es licenciado en Tecnología del Comportamiento por la Universidad de California en Santa Cruz.

Stephen Gilligan, PhD

Es un influyente psicólogo estadounidense especializado en el cambio creativo.

Durante más de 40 años el Dr. Gilligan ha estado escribiendo, practicando terapia y *coaching*, y enseñando en todo el mundo. Está considerado uno de los grandes hipnoterapeutas y su trabajo se ha expandido mucho más allá del enfoque ericksoniano.

Stephen fue uno de los primeros estudiantes de PNL en la UC Santa Cruz; sus mentores fueron Milton Erickson y Gregory Bateson. Después de recibir un doctorado en psicología por la Universidad de Stanford, se convirtió en uno de los principales profesores y practicantes de la hipnoterapia ericksoniana. Desarrolló este trabajo en sus originales enfoques de las Relaciones con uno mismo y el Yo Generativo, y más adelante (en colaboración con Robert Dilts) en el Coaching Generativo. Todas estas tradiciones se actualizan e integran en el actual trabajo de Cambio Generativo, que incluye las aplicaciones del Coaching Generativo, la Psicoterapia Generativa, el Trance Generativo, el Viaje del Héroe y el trabajo de Cambio Sistémico.

Stephen ha enseñado en muchas culturas y países durante los últimos 30 años, y ha publicado extensamente. Entre sus libros se incluyen *El viaje del héroe: Un camino de autodescubrimiento* (en coautoría con Robert Dilts), el clásico *Therapeutic Trances, La valentia de amar, The Legacy of Erickson, Walking in Two Worlds* (con D. Simon), y *Trance Generativo: La experiencia del flujo creativo*. Sus próximos libros son la serie *Coaching Generativo* (en coautoría con Robert Dilts).

Antonio Meza

Es un arquitecto de la visión que apoya a empresarios y líderes de todo el mundo a comunicar ideas complejas de una manera sencilla y divertida a través de ilustraciones, dibujos animados, o mediante la estructuración de presentaciones, libros o páginas web.

Originario de Pachuca, México, Antonio es licenciado en Ciencias de la Comunicación por la Fundación Universidad de las Américas Puebla, tiene una maestría en Estudios Cinematográficos por la Université de Paris-Sorbonne Nouvelle, un diploma en guion cinematográfico por la Sociedad General de Escritores de México (SOGEM) y un diploma de cine documental por la École Nationale des Métiers de l'Image et du Son (La Fémis). También es master practitioner y trainer de Programación Neurolingüística (PNL), está certificado en Coaching Generativo y en los tres niveles del sistema SFM.

Trabajó en México como cineasta independiente y participó en *startups* de dibujos animados antes de trasladarse a Francia, donde trabaja como consultor, *coach* y formador especializado en *storytelling*, pensamiento creativo e inteligencia colectiva.

Antonio también es un experimentado orador y miembro de Toastmasters International. En 2015 fue premiado como mejor orador en el Concurso Internacional de Oratoria del Distrito 59, que cubre el suroeste de Europa, y llegó a las semifinales a nivel internacional.

Ha ilustrado 15 libros, entre los que se incluyen los tres volúmenes de la serie *Success Factor Modeling* con Robert Dilts, y ahora la serie *Coaching Generativo* con Robert Dilts y Stephen Gilligan.

También utiliza sus habilidades como dibujante y formador para colaborar como facilitador gráfico en seminarios, conferencias y sesiones de *brainstor-*

ming, y para producir vídeos animados que explican información compleja de forma clara y divertida.

Antonio vive en París con su mujer Susanne, su hija Luz Carmen y sus gatos Ronja y Atreju.

Para más información, visita:

www.antoons.net

www.linkedin.com/in/antoniomeza/

Contacta con Antonio en: hola@antoons.net